D1726526

Georg Moser – unvergessen

Georg Moser – unvergessen

Ein Porträt mit Texten des weltoffenen Bischofs

Herausgegeben von Martin Fahrner,
Gerhard Rauscher, Rolf Seeger

Schwabenverlag

VERLAGSGRUPPE PATMOS

PATMOS
ESCHBACH
GRÜNEWALD
THORBECKE
SCHWABEN

Die Verlagsgruppe
mit Sinn für das Leben

Für die Verlagsgruppe Patmos ist Nachhaltigkeit ein wichtiger Maßstab ihres Handelns. Wir achten daher auf den Einsatz umweltschonender Ressourcen und Materialien.

Umschlaggestaltung: Finken & Bumiller
Umschlagabbildung: © Bischof-Moser-Stiftung
Gestaltung, Satz und Repro: Schwabenverlag AG, Ostfildern
Druck: GGP Media GmbH, Pößneck
Hergestellt in Deutschland
ISBN 978-3-7966-1753-9

Inhalt

Geleitwort 9
Bischof Gebhard Fürst

Vorwort 11
Martin Fahrner, Gerhard Rauscher, Rolf Seeger

Damit sie das Leben haben 16

Georg Moser – Bischof des nachkonziliaren Dialogs 18
Hubert Bour

**»Mit euch bin ich Christ – für euch bin ich Bischof«
Der Bischof – leidenschaftlich für die Kirche** 37

Gemeinschaft der Hoffenden 39

Kirche – Ort der Bewährung 43

Bischof Georg Moser – sein Charisma: junge Menschen
schätzen und fördern 48
Rolf Seeger

Christus ruft – Menschen warten 54

Hirtenbrief an die Sechs- bis Zwölfjährigen in der
Diözese Rottenburg-Stuttgart 58

Brief an die Priester 61

Entwurf einer Predigt zum Tag der Pfarramtssekretärinnen 76

Entwurf einer Predigt zum Kongress der katholischen
Kindergärten 78

Entwurf einer Predigtskizze zum Gottesdienst mit
Pastoralassistenten 81

»Haltet fest am Wort des Lebens«
Der Bischof – tief verwurzelt im Glauben 85

»Singt Gott in eurem Herzen« 87

Tradition leben – Glauben lebendig werden lassen 91

Kirche – Vertriebene – Heimat 97

Haltet fest am Wort des Lebens! (Phil 2,16). 103

In Treue zur apostolischen Glaubensüberlieferung. 109

Das Alter – ein neuer Beginn?. 115

Christliche Ehe und Familie 119

»Von der Friedensbotschaft Jesu in Pflicht genommen«
Der politische Bischof 123

Bewohnen – Bewahren – Bebauen 125

Pax Christi – der Name verpflichtet 133

Ich will euch Zukunft und Hoffnung geben 140

Rupert Mayer – ein politischer Seelsorger 144

»Werde, der du bist«
Der geistliche Schriftsteller 145

Werde, der du bist! 147

Wenn Ängste dich befallen 148

Wachsen am Kreuz 159

Nicht wir ›machen‹ die Kirche 160

Deine Angst ist ins Leuchten geraten 162

Österlich leben 164

Große »Selbstverwirklicher« 166

Wir und die anderen 169

Unser Tun ist nicht umsonst 171

Jubiläumsgebet 173

»Es gehört zu den wichtigsten Aufgaben der Kirche, sich an der öffentlichen Auseinandersetzung zu beteiligen«
Der Medienbischof 177
Kommunikation und Menschlichkeit
Zitate aus Veröffentlichungen von Bischof Georg Moser 180
Rundbrief an Freunde und Bekannte 184

»Damit sie das Leben haben«
Der weltoffene Bischof 185
Zwei Bischöfe mit Visionen: Dom Hélder Câmara
und Georg Moser 187
Berthold Seeger
Mutter Teresa – Heilige der Nächstenliebe 190
Gerhard Rauscher
Botin der Liebe Jesu.................................... 193
Bischof Georg Moser in China 195
Gerhard Rauscher

Ein Bischof »für die Leut«............................... 199
Predigt von Bischof Karl Lehmann beim Pontifikalrequiem
am 17.5.1988

Nachwort 206
Clemens Stroppel

Nachweise 210

Herausgeber und Autoren 212

Geleitwort

In großer Wertschätzung gegenüber meinem Vorgänger Bischof Dr. Georg Moser und seinem pastoralen Wirken erscheint dieses Buch »Georg Moser – unvergessen. Ein Porträt mit Texten des weltoffenen Bischofs«. Ich danke mit Freude der Bischof-Moser-Stiftung und ihren Verantwortlichen, die mit der Herausgabe an den 30. Todestag des neunten Bischofs unserer Diözese Rottenburg-Stuttgart erinnern.

»Unvergessen« ist Bischof Georg bei mir und bei vielen als leidenschaftlicher Seelsorger und umsichtiger Oberhirte, dem es durchdringendes Lebensanliegen war, aus der Nähe zu Gott den Menschen nahe zu sein. Mit seinem Wahlspruch aus dem Johannesevangelium »... damit sie das Leben haben« (Joh 10,10) stellte er seinen Dienst als Bischof ausdrücklich in die Nachfolge des guten Hirten Jesus Christus. Pastorales Wirken und Handeln verstand er als bewusst gestaltete und konkret gelebte Hirtensorge der Menschen mit einander und für einander. Und diese Pastoral war ihm ein Herzensanliegen für unsere Diözese und ihre Gemeinden.

Zeugnis davon gibt die Diözesansynode 1985/86, die Bischof Georg unter dem Leitthema »Weitergabe des Glaubens an die kommende Generation« einberief. Neben theologischen Grundfragen wurden sechs pastorale Felder besonders in den Blick genommen: Gemeinde- und Sakramentenkatechese, Religionsunterricht, Jugendarbeit, Ehe und Familie, Liturgie und Verkündigung, Nächstenliebe und Gerechtigkeit als Glaubenszeugnis. So manche der damals gefassten Empfehlungen und Entscheidungen sind heute in unserer Diözese umgesetzt und wirken weiter. Eine besondere Wirkung hatte der synodale Prozess an sich als breit angelegter Dialog mit Gruppen, Verbänden und Gemeinden über den Glauben und seine Weitergabe. Dieses Beispiel einer dialogbereiten, dialogwilligen und dialogfähigen Kirche prägt unsere Diözese und die wichtige Zusammenarbeit in ihren diözesanen Räten bis heute.

In seiner Sorge um die Pastoral in unserer Diözese war Bischof Georg die Förderung kirchlicher Berufe ein großes Anliegen. So habe ich die »Stiftung zur Förderung pastoraler Dienste« im Jahr 2004 bewusst mit seinem Namen als »Bischof-Moser-Stiftung« errichtet. Immer wieder hat er betont, wie wichtig für die Kirche und die Diözese diese Berufe sind, und für sie geworben. Mit unserem derzeitigen pastoralen Schwerpunkt der Förderung und Gewinnung kirchlicher Berufe wissen wir uns ihm darin sehr verbunden. Wichtigste Voraussetzung dafür ist die seelsorgerliche Nähe zu jungen Menschen in ihrem Glauben, Fragen und Zweifeln. Darauf gilt es, bei all dem vielen, was uns umtreibt, wieder ein besonderes Augenmerk zu legen – pastorale Dienste zusammen mit allen getauften Gemeindemitgliedern.

Weggefährten erzählen von Bischof Georg, wie bedeutsam ihm unser Diözesanpatron, der heilige Martin, war und dass er ihn noch mehr als Vorbild und Leitbild in das Bewusstsein unserer Diözese rufen wollte. So verweist er auf ihn auch in seiner Predigt zum Abschluss der Diözesansynode: »Auf unseren Gesichtern muss die Wahrheit sichtbar werden, die Christus ist. Und man kann sie sehen bei denen, die wir in der Synodenvorlage genannt haben: beim heiligen Martinus, unserem Diözesanpatron, in dem einzigen Augenblick, wo er das Schwert zückt und mit dem armen Bettler teilt; da kommt seine Identität zum Vorschein ….« (28. 2. 1986). Auch hier empfinde ich eine große pastorale Verbundenheit mit meinem Vorgänger: Unser Diözesanpatron kann uns wahrhaft Vorbild sein für eine zeitgenössische diakonische Kirche: eine Kirche, die die Zeichen der Zeit erkennt und aus dem Geist Jesu Christi handelt. Das Pilgern auf dem neugeschaffenen Martinusweg und viele andere Akzentsetzungen der vergangenen Jahre sollen dazu beitragen, dass wir uns als Martinsdiözese verstehen und uns anstecken lassen von seiner hingebenden Liebe.

Bischof Georg bleibt uns in seinen vielgelesenen Texten unvergessen und auch in seiner weitsichtigen Hirtensorge für unsere Diözese und ihre Pastoral.

Bischof Dr. Gebhard Fürst

Vorwort

Vor dreißig Jahren, am 9. Mai 1988 ist Dr. Georg Moser, der neunte Bischof der Diözese Rottenburg-Stuttgart gestorben. Der dreißigste Todestag ist nicht der alleinige Anlass für die Herausgabe eines Buches über Bischof Georg Moser. Wir haben als Vorstand der Bischof-Moser-Stiftung in den vergangenen Jahren viele Erfahrungen gemacht, die uns darin bestärken, diesen Bischof mit seinen visionären und ermutigenden Worten in Erinnerung zu bringen. Die ausgewählten Texte dieses begnadeten Predigers und geistlichen Schriftstellers haben nichts von ihrer Aussagekraft verloren.

Sein segensreiches Wirken als Bischof ist noch heute bei vielen Menschen unvergessen. Bei unserer Tätigkeit für die Bischof-Moser-Stiftung haben wir Kontakt mit vielen Menschen, die uns von ihren Begegnungen mit Bischof Moser erzählen. Ihre Bewunderung und Dankbarkeit für diesen außerordentlichen Bischof ist immer noch ungebrochen. Dreißig Jahre nach seinem Tod ist das Vermächtnis von Bischof Georg Moser immer noch wirksam, nicht nur in seinen Texten, sondern auch in den Nachwirkungen der Diözesansynode 1985/86 und seinen pastoralen Initiativen.

Mit eigenen Worten, die er im Angesicht des Todes schrieb, hat er sich aus dieser Welt verabschiedet:

Bischof Georg Moser, der Euch in die Ewigkeit vorausgegangen ist, ruft Euch mit den Worten des Apostels zu:

»Bemüht euch noch mehr darum, dass eure Berufung und Erwählung Bestand hat. Wenn ihr das tut, werdet ihr niemals scheitern. Dann wird euch in reichem Maß gewährt, in das ewige Reich unseres Herrn und Retters Jesus Christus einzutreten« (2 Petr 1,10–11).

Diesen Glauben an den Auferstandenen hat Bischof Moser unermüdlich und mutig bezeugt: in Wort und Schrift, in zahlreichen Predigten, geistlichen Schriften und in seelsorgerlichen Begegnungen. Damit hat er zahllosen Menschen Orientierung und geistige Nahrung für ihr Leben gegeben. Wir haben uns daher entschieden, keine Biografie über Georg Moser zu veröffentlichen,

11

sondern ihn selbst zu Wort kommen zu lassen. Im Wieder-Lesen seiner Glaubenszeugnisse schenkt er uns Ermutigung und Freude für den Weg im Glauben – auch in unserer Zeit.

Wir haben die vorliegende Auswahl von Predigten, Ansprachen und Meditationen von Bischof Moser durch zwei Texte ergänzt, die uns helfen, sein segensreiches Wirken als Diözesanbischof und als Mitglied der Deutschen Bischofskonferenz besser verstehen und würdigen zu können. Wir danken dem vor wenigen Wochen verstorbenen Kardinal Lehmann für die Erlaubnis, seine Predigt beim Requiem für Bischof Moser hier abzudrucken. Karl Lehmann hat seinen Mitbruder als einen vorbildlichen Bischof und ein sehr geschätztes Mitglied der Deutschen Bischofskonferenz gewürdigt. Ebenso danken wir Prälat Hubert Bour für seinen Beitrag »Georg Moser – Bischof des nachkonziliaren Dialogs«. Als langjähriger Persönlicher Referent hat er Bischof Moser auch von seiner privaten Seite als temperamentvollen und humorvollen Menschen kennengelernt. Hubert Bour, der 1980 zum Domkapitular und Referenten für Theologie und Ökumene ernannt wurde, bringt uns Georg Moser mit seinen vielfältigen Begabungen und Charismen nahe, sodass wir seine andauernde Beliebtheit im Volk und seine großen Verdienste um die Ortskirche von Rottenburg-Stuttgart besser einordnen können. Dabei konnte der »Fall Küng«, den Hubert Bour aus nächster Nähe miterlebt hat, nicht übergangen werden. Diese Auseinandersetzung, die Bischof Moser buchstäblich »an die Nieren ging«, zeichnet Hubert Bour sachkundig und verständlich nach und fügt – um der historischen Genauigkeit willen – einige bisher unveröffentlichte Informationen und Dokumente ein.

Bei der Auswahl der Texte haben wir versucht, einen gewissen Querschnitt der kirchlichen Themen und pastoralen Aufgaben wiederzugeben. Das war bei der Fülle an Predigten und geistlichen Texten von Bischof Moser nicht leicht. Wir haben dabei sowohl auf die Aktualität der Themen als auch auf die sprachliche Eleganz der Texte geachtet. Dr. Georg Moser, der schon in seiner Zeit als Akademiedirektor als geistlicher Schriftsteller bekannt wurde, konnte seine Leser mit einer bildhaften Sprache erreichen, ohne dabei den theologischen Bezug zum Evangelium und die Präzision in der Aussage zu vernachlässigen.

Beim erneuten Lesen seiner Predigten und geistlichen Betrachtungen ist uns aufgefallen, mit welch intellektuellem Scharfblick und prophetischer Begabung Bischof Moser gesellschaftliche Trends früh erkannte. Einige seiner Texte lassen die ideologischen Auseinandersetzungen der 70er- und 80er-Jahre des vergangenen Jahrhunderts erkennen. In diesem Zusammenhang ist auch die Diözesansynode 1985/86 zu sehen. Bischof Georg Moser hat auf diesem neuen Weg der synodalen Kommunikation mit den Gläubigen versucht, die zentralen Fragen und Herausforderungen an die Kirche zu benennen und Antworten zu suchen. Bei der Eröffnung der Diözesansynode sagte er: »Eine dramatische Bedeutung gewinnt die Weitergabe des Glaubens im Blick auf die kommende Generation. Was wird sie glauben? Wem wird sie glauben?«

Bischof Moser hatte aber auch den Mut, Politikern ins Gewissen zu reden, wie z. B. ein Interview zu Fragen von Abrüstung und Waffenexport belegt. Und auch bei innerkirchlichen Reizthemen wie »viri probati«, also die Zulassung von verheirateten und bewährten Männern zur Priesterweihe, und bei der Frage der Ordination von Frauen wagte sich Bischof Moser aus der Deckung der zahlreichen Bedenkenträger und signalisierte Reformbereitschaft, wie Hubert Bour schreibt.

Noch eine Bemerkung zur Weltverbundenheit von Bischof Georg Moser: Er hat die von seinem Vorgänger Bischof Dr. Carl Joseph Leiprecht aufgebaute Solidarität mit Partnerkirchen in verschiedenen Erdteilen gepflegt und weiter ausgebaut. Dabei wurde er von Prälat Eberhard Mühlbacher, dem Referenten für Mission und Entwicklung, hervorragend unterstützt. Um diese Weltverbundenheit von Bischof Moser wiederzugeben, haben wir zwei exemplarische Begegnungen mit herausragenden und vorbildlichen Christen der Weltkirche aufgeschrieben: Bischof Mosers Begegnungen mit Erzbischof Dom Hélder Câmara und mit Mutter Teresa. Beide waren zu Besuch in unserer Diözese und fanden hier große Zustimmung und Verehrung. Und wir erinnern an den Besuch (1979) von Bischof Moser in China, der nur möglich war, weil er vom damaligen Ministerpräsidenten von Baden-Württemberg Lothar Späth aufgrund dessen Wertschätzung für Bischof Moser dazu eingeladen wurde.

Für uns war die Vorarbeit für dieses Buch, insbesondere die Auswahl der Texte, eine sehr anregende und ergreifende Wieder-Begegnung mit dem unvergessenen Bischof und Vorbild im Glauben. Seine Schriften geben heute noch Trost und Ermutigung im Glauben an Jesus Christus. Wir wünschen den Leserinnen und Lesern bei der Vertiefung in die vorliegenden Texte eine Stärkung im Glauben. Und vielleicht spüren sie auch etwas vom Humor von Bischof Georg Moser und seinem Vertrauen auf Jesus Christus, der gekommen ist, damit wir das Leben haben.

Und schließlich ein Wort des Dankes. Dieses Buch konnte nur erscheinen, weil wir von verschiedenen Seiten unterstützt und beraten wurden. Deshalb bedanken wir uns sehr bei den Verwandten von Bischof Moser und seinem ersten Sekretär Weihbischof em. Dr. Johannes Kreidler. Prälat Hubert Bour hat uns wertvolle Hinweise zur Auswahl der Texte gegeben und manche Anekdoten und Witze von Bischof Moser erzählt; sodass unsere Arbeitsgespräche in einer heiteren Atmosphäre stattfanden. Von Seiten des Verlags hat uns Gertrud Widmann, die ebenfalls Bischof Moser erlebt hat, sehr sachkundig und engagiert beraten und begleitet.

Bei der Bereitstellung der Fotos und mancher Texte haben uns die Leiterin des Diözesanarchivs Angela Erbacher und der Leiter der Diözesanbibliothek Georg Ott-Stelzner bereitwillig unterstützt. Generalvikar Dr. Stroppel unterstützte das Buchprojekt von Anfang an und stellte dankenswerter Weise das von Sieger Köder gemalte Porträt von Bischof Georg Moser zur Verfügung. Für die sehr zuverlässige organisatorische und technische Unterstützung danken wir Dominik Wolter, dem Geschäftsführer der Bischof-Moser-Stiftung. Er ist gerne bereit, Auskünfte zur Stiftung und ihren Förderprojekten zu geben. Mit unserer Stiftungsarbeit wollen wir die Entwicklung der Seelsorge in unserer Diözese weiterhin fördern und das pastorale Vermächtnis von Bischof Georg Moser lebendig halten.

Rottenburg, im April 2018
Martin Fahrner   *Gerhard Rauscher*   *Rolf Seeger*

Kontakt:
Dominik Wolter
Eugen-Bolz-Platz 1
72108 Rottenburg
Tel. 07472/169–566
www.bischof-moser-stiftung.de

Damit sie das Leben haben

Mit folgendem Text deutet der neue Weihbischof seinen Wahlspruch »ut habeant vitam«.

Das Motto ist einem Satz aus dem Johannesevangelium entnommen, in dem das Bild vom guten, wahren Hirten überliefert wird (10. Kapitel). Der Ausspruch Jesu lautet dort: »Ich bin gekommen, damit sie das Leben und überfließende Fülle haben.« Dieses Leben ist nicht ein unbestimmter, romantischer Begriff; es ist Kennzeichen, Wirklichkeit und Gabe Gottes. Er ist der Lebendige und Leben Schenkende und er will, dass wir das Leben in Fülle erben. Gott thront nicht abseits von unserem Leben, ihm entspringt es und er trägt es – auch in der Zeit der Säkularisierung. Wo das erkannt und anerkannt wird, dort wird letztlich erst vernehmbar, was Leben überhaupt ist. Durch Jesus Christus, den Auferstandenen, ist es uns in letzter Gültigkeit erschlossen. Er hat uns das »ewige Leben« eröffnet, das nicht etwa ein Anhängsel an die jetzige Existenz ist, sondern eine neue Qualität unseres Seins.

Diese Wahrheit will konkret werden mitten in unserer Welt; indem das erhellende Wort vom Leben zum Licht, zur Weite, zur Kraft und zum Trost für den Menschen der Gegenwart wird. Schauen wir uns doch um: In unserer Zeit herrschen Zwecke und Funktionen. Und was dann noch übrigbleibt vom Dasein, trägt bei vielen den Namen Langeweile oder Angst vor dem Künftigen. Frustrationen und Sinnleere entwickeln sich zur Landplage. Insgeheim und offen meldet sich, besonders bei der jungen Generation, der Schrei nach Lebenssteigerung, nach neuen Vitalräumen. In diese Wirklichkeit hinein muss das Angebot für ein Leben gemacht werden, dessen Aufschwünge nicht in Enttäuschung zurückfallen. Darin sehe ich die Aufgabe der Kirche, dieses befreiende Angebot für ein neues, bis ins letzte sinnträchtige Leben zu vermitteln. Die Kirche dient nicht einem musealen System und ihre Amtsträger sind keine Aufsichtsbeamten für braves Wohlverhalten. Wir erheben keinen Herrschaftsanspruch; wir stehen im Dienst des Heils:

Heil, das heißt Glückszusage Gottes, der ungebrochenes, durch die
Vergebung des Kreuzes befreites Leben gewährt. Und wenn viele
Christen heute so in Krise und Unruhe sind, scheint es mir zu den
Aufgaben aller, zumal der Kirchenleitungen zu gehören, dass die
gottgeschenkte Lebenskraft des Glaubens immer wieder neu frei-
gelegt wird: durch eine unmittelbar ansprechende Verkündigung,
durch Vertiefung der Spiritualität und sakramentaler Gottesbe-
gegnung bis hin zur Dynamisierung kirchlicher Strukturen. Leben
aber will sich, so betont gerade das Johannesevangelium, fortzeu-
gen und weiterschenken. Es wird mehr, indem es sich verströmt.
Darauf will diese Losung deshalb auch hinaus: dass durch das von
oben gegebene Leben mitten unter uns, für jeden und für alle, neue
Impulse und Motive erwachen – ich denke hier beispielsweise an
den sozialen und an den Bildungsbereich. Die Tradition wird dabei
nicht verachtet, sondern in ihrem Wert und Anspruch, wenn auch
kritisch, in die Gegenwart gestellt. Aus dem Licht des in Christus
überkommenen Lebens ergibt sich Orientierung und Wegweisung,
Einweisung in unser geschichtsgerechtes Verhalten. Damit wird
freilich auch die Auseinandersetzung mit den Tendenzen verbunden sein, die den »Weg des Lebens« anderen erschweren oder gar
versperren.

Georg Moser – Bischof des nachkonziliaren Dialogs[1]

Als Zeitzeuge, nicht als Historiker, schreibe ich über den neunten Bischof von Rottenburg und den ersten Bischof von Rottenburg-Stuttgart. Ich tue das gerne, weil ich seine ganze Amtszeit aus nächster Nähe miterlebt habe, zunächst als sein persönlicher Referent (1975–1980) und dann als Domkapitular und Referent für Theologie und Ökumene in der Diözesanleitung (bis zu seinem Tod 1988). Ich beginne deshalb mit einigen persönlichen Erinnerungen.

Wie und wo ich ihn kennenlernte

Bischof Moser habe ich kennengelernt im Hause des Tübinger Moraltheologen Alfons Auer (1915–2005). Er war ein alter Freund von Georg Moser und dessen Primizprediger. Die für mich entscheidende Begegnung fand dort am 16. März 1975 statt. Georg Moser, wenige Tage zuvor (12. März 1975) vom Papst zum Bischof von Rottenburg ernannt, hatte am Vormittag in Heilbronn die Priesterweihe gespendet und fand sich am Nachmittag zum Kaffee bei Auer in Tübingen ein. Ich war ebenfalls eingeladen und kurz nach seinem Eintreffen bat der bestens gelaunte Weihbischof mich ins Nebenzimmer zu einem persönlichen Gespräch. Da fragte er mich, ob ich nicht sein persönlicher Referent werden möchte. Rasch einigten wir uns und noch vor seiner Amtseinführung trat ich Anfang April 1975 die von ihm neu geschaffene Stelle an. Sein erster Sekretär war der letzte Sekretär von Bischof Carl Joseph Leiprecht, Johannes Kreidler, später Weihbischof bis 2017. Und so

---

1 Der Text folgt im Wesentlichen dem Vortrag bei der Studientagung »Schwäbische Identität – weltnahe Katholizität. 175 Jahre Diözese Rottenburg-Stuttgart« in Weingarten am 20. September 2003. Er wird ergänzt durch Passagen aus einem Vortrag am 9. Juni 2011 vor Freunden und Förderern der Bischof-Moser-Stiftung in Rottenburg. Der Vortragsstil wurde beibehalten.

begannen wir zu zweit die Amtseinführung, in erster Linie seine Predigt, vorzubereiten.

Da lernte ich ihn kennen als einen Prediger, der jedes Wort sorgfältig überlegte, der Anschaulichkeit liebte (Bilder, Geschichten, Zitate, Beispiele), der eine hochgestochene akademische Sprache ablehnte (»Vergessen Sie die Universität und denken Sie an den Schreinermeister Meier!«) und der sich nicht scheute, eine wichtige Predigt fünfmal und einen Hirtenbrief zehnmal zu überarbeiten. (»Sie müssen den Papierkorb lieben!«) Das alles wirkte sich auch auf seine schriftstellerische Tätigkeit aus, denn seine Bücher sind alle aus Predigten, Rundfunkansprachen und Vorträgen entstanden. Aber darüber später.

Lassen Sie mich versuchen, Bischof Moser näher in den Blick zu nehmen und zu charakterisieren.

Wer war Georg Moser wirklich?

Er gibt darüber selber Auskunft in einem 1976 erschienenen Buch »Schwaben unter sich – über sich.« Die Überschrift seines Beitrags ist eine Antwort auf unsere Frage. Sie lautet kurz und bündig: »Ich bin Allgäuer.« Und er führt darin aus. »Heimat ist mir das bunte und bewegte, zuweilen recht karge Leben im Kreis der Geschwister am Ende jener Zwanzigerjahre mit ihrem Auf und Ab an Ereignissen. Die Notzeit nach dem Ersten Weltkrieg, Inflation und Arbeitslosigkeit, das beginnende Dritte Reich, der Widerstand überzeugter Christen gegen die nationalsozialistische Diktatur – all das lebt in meinen Erinnerungen fort. Dennoch: Ich habe Geborgenheit erfahren. Glaubensstarke Eltern, die lachen konnten, machten das Schwere für uns Kinder erträglich, ja, in gewissem Sinne unwesentlich. Wir fühlten uns wohl. Wir waren ›daheim‹.«

Mosers Vater war Schmied und konnte seine Familie mit neun Kindern nur mit Mühe und Not ernähren, sodass der kleine Georg bei den Bauern Vieh hüten musste, um etwas Geld zu verdienen. Das hat ihn auch als Bischof geprägt. Er lebte bescheiden. Er mahnte, mit den Kirchensteuergeldern sorgsam umzugehen, denn so sagte er gerne:»Sie gehören uns nicht, sie kommen überwiegend von den meist einfachen Leuten.« So machten ihn seine Kindheit und Jugend zu jenem Menschen, der 1977 in der FAZ vom damaligen römischen Korrespondenten der Frankfurter Allgemeine, Heinz-Joachim Fischer, als »erdhafter Bischof« bezeichnet wurde. Fischer schreibt zutreffend: »Wenn der Kirchenmann über sein bischöfliches Amt spricht, erinnert sein Gesicht zuweilen an die fromme Erdhaftigkeit Barlacher Figuren; oft blitzt da noch etwas Lustiges hindurch, ein Schalk, der die eigene Person nicht so wichtig nimmt. Die deutschen Bischöfe waren gut beraten, als sie ihn zum Vorsitzenden ihrer Publizistischen Kommission wählten. Sie täten nicht schlecht daran, ihn öffentlich noch mehr herzuzeigen; er würde keine schlechte Figur für sie machen.«

Georg Moser als Bischof des nachkonziliaren Dialogs

Der Dialog war ihm ein zentrales Anliegen und diente ihm zur Wahrheitsfindung. In vielen theologischen Fragen war er erstaunlich offen und jeder starre Dogmatismus, der auf alles schon eine Antwort hat, war ihm fremd. Magna Charta war ihm dabei die Antrittsenzyklika Pauls VI. *Ecclesiam suam* (10. August 1964), die er oft zitierte. Schon als Akademiedirektor wusste er um die Wichtigkeit des Dialogs und plädierte für eine dialogische Kirche. Bis heute sind deshalb Dialog und Gastfreundschaft die Gütezeichen unserer Diözesanakademie. Was Alfons Auer als erster hauptamtlicher Akademiedirektor programmatisch angefangen hatte, führte Georg Moser weiter. Und als Bischof blieb der Dialog ihm wichtig. So schrieb er 1983 in einem Beitrag über die Aufgabe kirchlicher Akademien:
»Natürlich erfordert eine dialogische Kirche die ständige Bereitschaft, aufkommende neue Fragestellungen zunächst einmal aufzugreifen und nicht zu verdrängen. In der Geschichte der Kirche ließe sich leicht nachweisen, dass alle verdrängten oder verschobe-

nen Anliegen, berechtigte oder unberechtigte, zu irgendeinem späteren Zeitpunkt umso heftiger eine Klärung fordern. Die Reformation mit ihren Folgen ist nur ein Beispiel. Vieles erledigt sich eben nicht von selbst, nein es gärt im Untergrund weiter«[2].»O, wie wahr« – so möchte man mehr als 30 Jahre später sagen. An einigen wichtigen Themen möchte ich die dialogische Grundhaltung Georg Mosers erläutern.

Die Enzyklika »Humanae Vitae« (1968)

Diese Enzyklika Pauls VI. hat wie kaum eine andere lehramtliche Äußerung nach dem II. Vaticanum die Menschen bewegt und ist auf heftigen Widerstand gestoßen. Um in Deutschland das Schlimmste zu verhindern, setzte der damalige Vorsitzende der Deutschen Bischofskonferenz (DBK), Julius Kardinal Döpfner (1913–1976), die »Königsteiner Erklärung« durch, die immerhin in der Frage der Geburtenregelung der persönlichen Gewissensentscheidung der Ehepartner das letzte Wort zubilligte – bei allem Respekt vor der Position des Papstes. Moser hat die Königsteiner Erklärung immer wieder hervorgehoben und als der spätere Vorsitzende der DBK, Joseph Kardinal Höffner (1906–1987), den Versuch unternahm, die Königsteiner Erklärung zu widerrufen (wohl auf Wunsch Roms), leistete Georg Moser erfolgreich Widerstand. Die Sache spitzte sich nochmals zu, als die Deutsche Bischofskonferenz den zweiten Teil ihres Erwachsenenkatechismus vorbereitete und die Frage aufkam, ob die Königsteiner Erklärung darin erwähnt oder verschwiegen werden sollte. Einige Bischöfe wollten letzteres. Bischof Georg schrieb daraufhin am 31. Oktober 1987 an Kardinal Wetter, der als Vorsitzender der Glaubenskongregation die Federführung hatte:

»Nicht zuletzt im Hinblick auf neuerlich deutlich gewordene Kritik an der sog. Königsteiner Erklärung der deutschen Bischöfe vom 30. August 1968 begrüße ich es, dass diese Erklärung im Ent-

---

2 Georg MOSER, Ein Haus der offenen Tür, in: Evangelische und Katholische Akademien. Gründerzeit und Auftrag heute, hg. v. H. BOVENTER, Paderborn 1983.

wurf des 2. Teiles des Erwachsenenkatechismus (1995) gebührend zu Wort kommt. Zugleich möchte ich mich entschieden dagegen aussprechen, dass sich daran in der Endfassung etwas ändert und die Zitation dieser bischöflichen Erklärung gestrichen wird. Dafür nenne ich folgende Begründung:

1. Ein Nichterwähnen der Königsteiner Erklärung würde den Eindruck erwecken, die Kirche halte nicht mehr daran fest, dass das Gewissen die letztverbindliche Instanz ist, vor der ein Katholik sein Handeln zu verantworten habe. Denn nur auf dieses allgemein anerkannte moralische Prinzip wollte die Königsteiner Erklärung nach dem Erscheinen der Enzyklika Humanae Vitae ja hinweisen. Sie wollte nur in Erinnerung rufen, was in der Kirche immer schon galt und jedem Lehrbuch der Moraltheologie entnommen werden kann.

2. Ein Nichterwähnen der Königsteiner Erklärung in einem ausgerechnet von den deutschen Bischöfen herausgegebenen und verantworteten Katechismus würde die Glaubwürdigkeit der Deutschen Bischofskonferenz ernsthaft in Frage stellen. Wie können Bischöfe in einer wichtigen pastoralen Angelegenheit ihren Gläubigen eine Orientierung bieten, die sie nach 20 Jahren nicht mehr aufrecht zu erhalten scheinen? Haben sie sich damals geirrt oder irren sie jetzt? – diese Frage würde unausweichlich auf uns zukommen. Wir sollten sie um unserer eigenen Glaubwürdigkeit willen gar nicht aufkommen lassen, zumal es überhaupt keinen Grund dafür gibt, sie zu provozieren.«

Das Ergebnis war, dass die Königsteiner Erklärung in der Endfassung des Katechismus erwähnt wurde, allerdings mit der Bemerkung, sie hätte zum Gehorsam und nicht zum Widerstand ermutigen wollen (s. dort S. 370).

Die Zulassung von verheirateten Männern (viri probati) zur Priesterweihe

Auch in dieser Frage zeigte Georg Moser eine große Offenheit. Mehrfach bestand er darauf, dass sie auf die Tagesordnung der Deutschen Bischofskonferenz gesetzt wurde, obwohl der damalige

Vorsitzende, Kardinal Höffner, diesen Anträgen nur mit größtem Widerwillen entsprach. Moser wusste, dass er nicht mit einer Mehrheit in der Deutschen Bischofskonferenz rechnen konnte, aber er blieb in dieser Sache hartnäckig. Mir sagte er einmal: »Ich weiß, dass ich nicht durchkomme, aber später soll niemand sagen können, ich hätte das Thema in der Bischofskonferenz nicht zur Sprache gebracht.«

Und ein andermal sagte er mit einem gewissen Optimismus: »Für den Tag X musst du mir 10 Ständige Diakone (für die Berufsgruppe war ich damals zuständig) bereit halten, die ich zu Priestern weihen kann.«

Heute ist es um die viri probati still geworden. Das Problem ist aber nicht gelöst, auch nicht mit den neuen Seelsorgeeinheiten!

Die Frauenordination

Eines Tages musste ich für den Bischof einen Entwurf machen für eine Rede bei der Generalversammlung des Katholischen Frauenbundes in Ulm am 18. Mai 1976 zum Thema »Frau in der Kirche«. Wie immer besprachen wir vorher Schwerpunkte und Gliederung. Ich fragte ihn: »Wollen Sie auch etwas zur Frauenordination sagen?« Da schaute er mich an und sagte: »Meinen Sie, dass es theologische Gründe gibt, die absolut gegen die Frauenordination sprechen?« Ich sagte: »Die Tradition ist ein gewichtiger theologischer Grund, aber dass deshalb Frauen nie und nimmer zur Weihe zugelassen werden können, kann ich mir nicht vorstellen. Hier hat die Kirche Spielraum.« »Der Meinung bin ich auch« – antwortete er. »Schreiben Sie das so ähnlich hinein, aber rufen Sie vorher Professor Schelkle in Tübingen an und fragen Sie ihn, wie er das sieht als Neutestamentler.« Der Tübinger Exeget Karl Hermann Schelkle (1908–1988) war auch unserer Meinung sowie übrigens auch der bekannte Freiburger Neutestamentler Anton Vögtle. Der Bischof sagte dann öffentlich, dass er sich grundsätzlich die Priesterweihe von Frauen vorstellen könne. Wörtlich heißt es im Manuskript:

»Grundsätzlich kann man sagen, dass es keine unüberwindbaren theologischen Gründe gibt, die gegen eine solche Zulassung sprechen. Aufgrund der bisherigen Tradition der Kirche wird man in dieser Frage nicht sehr rasch mit einer Änderung der zweitausendjährigen Praxis rechnen können. Obwohl in diesem Punkt mehr als in allen anderen zur Geduld aufgefordert werden muss, darf die Frage nicht verstummen und muss sie Gegenstand der theologischen und kirchlichen Diskussion bleiben.«[3]

Das katholische Deutschland horchte auf und wir hatten wochenlang zu tun, durch Erläuterungen und Klarstellungen die Wogen zu glätten. Bei der Diözesansynode (1985/86) blieb es dann bei einem Votum für die Zulassung von Frauen zur Diakonenweihe, das aber auch von Rom – so wie alle Voten dieser Synode – negativ beschieden wurde, und zwar kurz nach dem Tod von Georg Moser. Die Diözesansynode war übrigens ein Paradebeispiel für Mosers Dialogfähigkeit. Leider ist es nach seinem Tod erstaunlich still geworden um diese Versammlung und manche Beschlüsse harren bis heute der Umsetzung.

Seine theologische Offenheit und dialogbereite Liberalität waren es wohl auch, die seine Ernennung zum Erzbischof von München-Freising im Jahre 1977 verhinderten. Nach dem Tod seines Freundes Kardinal Julius Döpfner (24. Juli 1976) war Weihbischof Tewes, ebenfalls ein guter Freund Mosers, zum Kapitularvikar gewählt worden.

Eines Abends rief der Bischof mich zu sich in sein Arbeitszimmer und sagte: »Weihbischof Tewes hat soeben angerufen. Die Nachfolge Döpfners kommt auf mich zu. Gehen Sie mit nach München?« Wenige Tage später wurde der Regensburger Dogmatiker Joseph Ratzinger zum Erzbischof von München-Freising ernannt. Es gibt Anzeichen dafür, dass politische Kräfte in Bayern Mosers Ernennung verhindert haben, weil er nicht konservativ genug war.

---

3 Manuskript in meinem Privatbesitz.

Trotz seiner großen theologischen Offenheit und Dialogbereit-schaft war Georg Moser kein Mann der Beliebigkeit. Er hatte feste Standpunkte und unverrückbare Glaubensüberzeugungen. Er war eben so katholisch, dass er es sich leisten konnte, liberal zu sein. Seine tiefe Frömmigkeit hat sich in seinen geistlichen Schriften niedergeschlagen, die hohe Auflagen erreichten und zum Teil in andere Sprachen übersetzt wurden. Sie waren so etwas wie seine »zweite Kanzel«, von der aus er noch mehr Menschen erreichte als von seiner Kirchenkanzel. Seine Bücher, auf die er viel Zeit ver-wendete und die in einer sorgfältigen und wohltuenden Sprache geschrieben sind, haben unzähligen Menschen – auch vielen Nichtkatholiken – Orientierung, Lebenshilfe und Trost im besten Sinne des Wortes vermittelt.

Die sprachliche Eleganz seiner Bücher kommt nicht zuletzt daher, dass er eine kundige Lektorin an der Hand hatte, die seine Texte mehrfach durchging und »feilte«: Frau Elfriede Kauffmann, eine Konvertitin, die früher als Lektorin im Tübinger Rainer-Wunderlich-Verlag die Bücher von Theodor Heuss betreut hatte.

Auffällig in seinen Büchern ist die Nähe zum Menschen und zum Alltag. Und sie atmen eine gewisse Heiterkeit, die Freude am Glauben und Lust am Leben auszulösen vermag. Keine hochgesto-chene theologische Besserwisserei, aber auch kein seichtes Geplau-der findet sich in seinen Schriften. Beides vermeidet er zugunsten einer verständlichen und elementaren Glaubensverkündigung, verbunden mit einer guten Portion schwäbisch-allgäuerischen Lebensweisheit. Letztere verlieh seiner Spiritualität insgesamt eine erfrischende »Erdhaftung«. Vor allem war sie alles andere als bedrückend und finster. Moser war eben ein fröhlicher Mensch, der herzlich lachen konnte. Das merkt man auch seinen Texten noch an.

In der Reihe seiner Publikationen fehlt eigentlich ein Buch mit Witzen. Denn er sammelte Witze und Anekdoten, hielt sie fest in einem kleinen Büchlein und gab sie gerne in geselliger Runde zum

Besten. Man konnte ihm keinen größeren Gefallen tun, als neue Witze ins Bischofshaus mitzubringen, vor allem, wenn er sich über etwas geärgert hatte und schlecht gelaunt war. Denn er konnte schnell aufbrausen, aber auch wieder einlenken. Er war eben ein temperamentvoller Mensch.

Auch auf Firmreisen und bei Gemeindebesuchen erlebte Georg Moser allerhand Amüsantes, das er gerne weitererzählte. So fragte er bei einer Firmung ein Mädchen, das Monika hieß:»Wer war denn die hl. Monika?« Als die Antwort ausblieb, sagte der Bischof: »Das weißt du bestimmt. Die hatte nämlich einen ganz berühmten Sohn.« Daraufhin das Mädchen:»Da legen Sie mich nicht rein. Heilige bekommen keine Kinder.«

Ein anderes Mal sagte er zu einem stämmigen Buben, der ihn treuherzig anschaute:»Mach was aus deinem Leben!« Antwort: »Danke gleichfalls.« Bei einem Gemeindebesuch kurz vor Weihnachten redete er nach dem Gottesdienst noch mit Stab und Mitra mit den Leuten vor der Kirche. Ein kleiner Bub kam auf ihn zu. Der Bischof fragte ihn.»Kennst du mich?«»O, ja«, sagte der Bub, »du warst schon bei uns in der Stub.«»Erst neulich?« – fragte der Bischof.»Nein«, sagte der Bub,»letztes Jahr, dieses Jahr hat ihn e Mädle gemacht.«

Eine Religionslehrerin berichtete Folgendes: Sie hatte in der Schule den Namen + Georg Moser an die Tafel geschrieben und die Schüler gefragt:»Wer ist denn das?« Antwort einer Schülerin: »Ein verstorbener Schauspieler.« All das erzählte Bischof Georg mit der nötigen Selbstironie und amüsierte sich köstlich.

Georg Moser als Medienbischof

Unbedingt muss auch von Georg Moser als Medienbischof die Rede sein. Er hatte ein völlig unverkrampftes Verhältnis zu den Medien und das Diskutieren mit Journalisten – auch wenn es kontrovers zuging – war für ihn eine geradezu lustvolle Beschäftigung. Er besaß eine für Kirchenmänner seltene Begabung, sich der Öffentlichkeit zu präsentieren. Er war eben die »gelebte Alternative zu Angst und Zaghaftigkeit« (Alfons Auer).

Sich der Medien zu bedienen, hatte er bereits in den Fünfziger-
jahren gelernt als langjähriger Hörfunk- und Fernsehbeauftragter
der Diözese. Vertieft wurde seine Vertrautheit mit der modernen
Massenkommunikation durch die intensive Beschäftigung mit
den hier anstehenden Fragen in der Zeit, als er Akademiedirektor
war. Die »Hohenheimer Medientage« gehen auf seine Anregung
zurück. Als Bischof übernahm er von seinem Vorgänger die Leitung der Publizistischen Kommission der Deutschen Bischofskonferenz, ein Amt, das er mit großem Engagement und Sachverstand
bis zu seinem Tode innehatte. Papst Paul VI. berief ihn in den
Päpstlichen Rat für die Sozialen Kommunikationsmittel unter der
Leitung des polnischen Erzbischofs und späteren Kardinals And-
reas Maria Deskur (geb. 1924). Diese Aufgabe führte ihn regelmäßig zu Sitzungen nach Rom.

Deshalb schiebe ich hier einige Bemerkungen ein über sein Verhältnis zur römischen Kurie. Eigentlich muss man hier von einem
Nicht-Verhältnis sprechen. Moser hatte nie in Rom studiert, konnte
nicht italienisch und pflegte keine Kontakte zu römischen Dikas-
terien. Ein römischer Prälat sagte mir einmal, hier mache der
Bischof einen großen Fehler. Er müsse halt öfter einflussreiche
Kurienkardinäle besuchen oder in die Diözese einladen, sie würden es ihm eines Tages danken. Genau das aber tat er nicht. Es lag
ihm einfach nicht. Nach einer Sitzung flog er mit der nächsten
Maschine wieder nach Zürich zurück. Ich wäre gerne noch etwas
länger in Rom geblieben (wir wohnten meistens in der Anima oder
auch mal im Campo Santo), aber der Bischof drängte zum Aufbruch (»Daheim liegt die Post rum«). Er hatte in Rom auch wenige
Freunde und die waren alle deutschsprachig: so der österreichische
Bischof Alois Wagner (1924–2002) (Cor unum) und der aus Aalen
stammende Professor Erich Schmid (Moraltheologe an der Urba-
niana und als exzellenter Romführer bekannt). Mit ihnen traf er
sich meistens zum Abendessen in dem beliebten Lokal »Quattro
Mori«.

Sein Verhältnis zur römischen Kurie änderte sich auch nicht, als
er 1980 den Vorsitz des Arbeitskreises für deutschsprachige

Medienarbeit im Vatikan übernommen hatte. Auch sein Verhältnis zur Nuntiatur in Bonn-Bad Godesberg war nicht gerade ein herzliches, wobei er mit Nuntius Guido del Mestri (1911–1993), von 1975 bis 1984 Nuntius in Deutschland, besser zurecht kam als mit seinem Nachfolger, dem kroatischen Erzbischof Josip Uhac (1924–1998), von 1984 bis 1991 Nuntius in Deutschland.

Aber noch kurz zurück zum Medienbischof Georg Moser. Die baden-württembergische Landesregierung berief ihn 1979 als Mitglied der Experten-Kommission »Neue Medien«, die sich mit Nutzen und Risiken der damals aufkommenden Kommunikationstechnologie zu befassen hatte. Das zeigt, wie sehr er auch von Seiten der Regierung, vor allem vom damaligen Ministerpräsidenten Lothar Späth, geschätzt wurde. Das erklärt wohl auch, warum er zusammen mit einer von Späth angeführten Delegation des Landes Baden-Württemberg vom 1. bis 12. November 1979 die Volksrepublik China besuchen konnte. Er war der erste katholische Bischof, der nach der Kulturrevolution eine Einreiseerlaubnis bekam. Im Gepäck hatte er Fragen und Aufträge des Päpstlichen Staatssekretariats (Kardinal Casaroli) bezüglich der noch inhaftierten Bischöfe der Untergrund-Kirche, der Situation der patriotischen Kirche und der Religionsfreiheit im Land. Obwohl es sich um eine Wirtschaftsdelegation handelte, hatte Lothar Späth den Bischof einfach mitgenommen, ohne das Auswärtige Amt in Bonn groß zu informieren. Der deutsche Botschafter in Peking war darüber sehr ungehalten und äußerte auf dem Flughafen seinen Unmut über das eigenmächtige Vorgehen des baden-württembergischen Ministerpräsidenten, das politisch nicht ohne Brisanz war. Obwohl Moser wenige Auskünfte über die noch in Haft befindlichen Bischöfe bekam und ihm nur Gesprächspartner der patriotischen Kirche – und die auch noch mit entsprechenden Dolmetschern – präsentiert wurden, konnte durch diesen Besuch eine neue Ära der katholischen Kirche in China und ihrer Verbindung mit Rom eingeläutet werden. Hier kam Mosers diplomatisches Geschick zum Tragen, das ihm, nicht zuletzt durch seinen Umgang mit Journalisten, als Medienbischof zugewachsen war. Obwohl er keine einzige Fremdsprache beherrschte, konnte er sich auch auf dem internationalen Parkett mühelos bewegen und geschickt agieren.

Noch eine letzte Bemerkung zum Medienbischof: Sie betrifft den Film. Bereits als Weihbischof hatte er Bischof Carl Joseph Leiprecht als »Filmbischof« der Deutschen Bischofskonferenz vertreten. Dieser hatte nach dem 2. Weltkrieg die kirchliche Filmarbeit neu geordnet und Hilfen für die praktische Filmarbeit in den deutschen Diözesen entwickelt. Georg Moser, sein Nachfolger, führte diese Arbeit mit einer hohen Sensibilität für die Entwicklungen im Filmbereich weiter. Die zunächst nur Dokumentarfilme und einige Fernsehspiele produzierende »Tellux« wurde zu einer Produktionsfirma, die sich auch an große Spielfilmprojekte heranwagen konnte. Mit Begeisterung nahm der Bischof an der »Berlinale« teil. Aus dem Festspielangebot ließ er sich vom damaligen Leiter der Zentralstelle Medien im Sekretariat der Deutschen Bischofskonferenz, Prälat Wilhelm Schätzler, dem späteren Sekretär der DBK, ein Programm zusammenstellen, das ihn in die Lage versetzen sollte, sich über die Situation im Filmbereich zu informieren. Auch traf er dort gerne mit Schauspielern, Regisseuren, Produzenten und Verleihern zusammen. Immer wieder erkundigte er sich, welche Filme man sich unbedingt ansehen müsse.

Ich erinnere mich, dass in den Kinos einmal ein sehr umstrittener Film lief, von den einen als großes Kunstwerk gelobt, von den anderen als obszöner Streifen verschrien. Er sagte: »Den schauen wir uns an.« Zusammen mit dem damaligen Leiter des Katholischen Büros in Stuttgart (Prälat Martin Neckermann) standen wir in einer Schlange vor der Kasse eines Stuttgarter Kinos, als ich auf einmal am Ende der Schlange einen stadtbekannten Rottenburger erblickte. Ich informierte den Bischof, der dankbar Gebrauch machend von der Dämmerung entschied: »Sofort unauffällig verschwinden.« Unverrichteter Dinge kehrten wir daraufhin nach Rottenburg zurück.

Bischof Moser und der Fall Küng

In die Amtszeit von Bischof Moser fiel auch der Fall Küng, der den Bischof sehr in Bedrängnis brachte und an seiner Gesundheit gezehrt hat. Eigentlich handelte es sich um eine Altlast, die er von seinem Vorgänger übernommen hatte. Dieser soll nicht zuletzt wegen Küng 1974 überraschend zurückgetreten sein, weil er diesen zermürbenden Auseinandersetzungen gesundheitlich nicht mehr gewachsen war. Der Fall Küng reicht zurück bis in das Jahr 1967. Ihn hier vollständig nachzuzeichnen, ist nicht möglich und auch nicht meine Aufgabe. Ich fange deshalb im Dezember 1979 an[4].

Am Montag, dem 10. Dezember 1979, unmittelbar nach der Rückkehr des Bischofs von einer Afrika-Reise, besuchte ihn der Sekretär der Deutschen Bischofskonferenz, Prälat Josef Homeyer, und teilte ihm mit, dass die Römische Glaubenskongregation eine Erklärung vorbereite, die zum Entzug der Missio canonica von Hans Küng führen würde. Näheres sollte besprochen werden bei einer geheimen Sitzung in der Apostolischen Nuntiatur in Brüssel am Freitag, dem 14. Dezember 1979. Nach unserem Eintreffen in der Nuntiatur tobte ein heftiges Gewitter über der belgischen Hauptstadt. Kardinal Höffner und Prälat Homeyer standen auf der Autobahn im Stau, sodass sich die Sache verzögerte. An der Besprechung in Brüssel nahmen teil: der Sekretär der Glaubenskongregation, Erzbischof Hamer, ein belgischer Dominikaner, Kardinal Höffner und Prälat Homeyer, Bischof Moser und ich. Hier wurde die declaratio in Sachen Küng dem Bischof im endgültigen lateinischen Wortlaut übergeben. Die Bekanntgabe würde am 18. Dezember in Rom erfolgen. Am gleichen Tag würde sie Küng überbracht und von Kardinal Höffner in einer Pressekonferenz der deutschen Öffentlichkeit vorgestellt werden. Der Bischof, der ahnte, was auf dem Spiel stand, übergab einen bisher unveröffentlichten Brief an Kardinal Franjo Šeper, den er vorbereitet und

---

4 Diese Darstellung geht auf die persönlichen Aufzeichnungen des Bischofs zurück, die er mir zur späteren Veröffentlichung überlassen hat.

mit Datum vom 12. Dezember 1979 versehen hatte. Darin unterbreitete er dem Präfekten der Glaubenskongregation folgende Hinweise bzw. Forderungen:

1. Die Bekanntgabe dieser Erklärung wird mit Sicherheit stürmische Auswirkungen in der Öffentlichkeit auslösen. Diese werden sich keineswegs auf den Bereich der Diözese Rottenburg-Stuttgart, auch nicht auf den der Deutschen Bischofskonferenz beschränken; sie werden den deutschen Sprachraum überschreiten und weltweiten Charakter annehmen. Auf Grund der bisherigen Erfahrungen ist damit zu rechnen, dass sich Presse, Rundfunk und Fernsehen in internationalem Ausmaß einschalten werden. Bei dieser Sachlage erscheint es mir um der gesamten Kirche willen angebracht zu sein, dass das geplante Vorgehen der Glaubenskongregation gegen Professor Dr. Küng jeden Anschein ungerechter oder unbilliger Härte meidet, der sowohl bei gläubigen Christen wie bei Außenstehenden Anstoß erregen könnte.

2. Angesichts des Rechtsempfindens in der Welt von heute wie im Blick auf die nachkonziliaren Verfahrensordnungen zur Lösung von Konflikten in der Kirche halte ich es für angezeigt und erforderlich, dass Professor Küng vor Bekanntgabe der gegen ihn vorgesehenen Maßnahmen nochmals persönlich angehört oder wenigstens unter Hinweis auf evtl. Konsequenzen erneut dazu aufgefordert wird, innerhalb einer angemessenen Frist die beanstandeten Lehrmeinungen zu widerrufen. Ein solch letztes Entgegenkommen wäre geeignet, dem zu erwartenden Vorwurf liebloser und unbrüderlicher Behandlung eines »unbequemen Theologen« vorzubeugen. Es würde zugleich unter Beweis stellen, dass der Dialog in der Kirche bis zur letzten Anstrengung geführt wird.

3. Auf jeden Fall erscheint mir der für die Veröffentlichung der Erklärung gewählte Zeitpunkt unmittelbar vor dem Weihnachtsfest denkbar ungünstig zu sein! Trotz weitgehender Säkularisierung des öffentlichen Lebens wird die Weihnachtszeit in unserem Land doch als eine Zeit der Menschlichkeit und des Friedens hochgehalten. Selbst Finanzämter und Gerichte fühlen sich in dieser Zeit mora-

lisch verpflichtet, säumige oder schuldig gewordene Bürger nach Möglichkeit vor unangenehmen und belastenden Eröffnungen zu bewahren. Man würde es sicher nicht verstehen, wenn ausgerechnet die Kirche als Trägerin der weihnachtlichen Frohbotschaft sich über diese Gepflogenheiten hinwegsetzen würde.

Dieser Brief wurde aus Brüssel dem erkrankten Kardinal Šeper telefonisch zur Kenntnis gebracht. Die Antwort war, es müsse beim vorgesehenen Modus und Zeitpunkt bleiben. Sperrfrist sei der 18. Dezember, 11.30 Uhr. Bis dahin gelte die Sache als top secret. Als der Bischof sich weigerte, Küng die declaratio zu überbringen oder überbringen zu lassen, wurde der Bonner Nuntius, Guido del Mestri, nach Brüssel gerufen. Er traf dort am frühen Nachmittag ein und bekam den Auftrag, über die Nuntiatur die declaratio von einem Kurier zustellen zu lassen. Und so geschah es, wobei der besagte Kurier in Tübingen stundenlang nach Küng fahnden musste. Wichtig aber ist, ins Gedächtnis zu rufen, was die *Declaratio de quibusdam capitibus doctrinae theologicae Professoris Ioannis Küng,* die als Datum den 15. Dezember 1979 trägt, eigentlich besagt und was nicht. Sie verurteilt weder Küngs Papst- und Kirchenkritik noch seine Reformvorschläge und erst recht nicht seine gesamte Theologie. Sie stellt lediglich fest, dass Küng einige Lehrmeinungen vertritt, die nicht mit der Lehre der Kirche übereinstimmen. Im Einzelnen werden genannt: Die Unfehlbarkeit in der Kirche, der gültige Vollzug der Eucharistie durch einen geweihten Priester, die Wesensgleichheit Christi mit dem Vater und die Jungfräulichkeit Mariens. Die declaratio kommt zu dem Schluss, dass Küng deshalb »weder als katholischer Theologe gelten noch als solcher lehren« kann. Als zuständiger Ortsbischof hatte Moser nun Küng die Missio canonica zu entziehen und dem baden-württembergischen Wissenschaftsminister mitzuteilen, dass Küng nicht länger an der Katholisch-Theologischen Fakultät der Universität Tübingen lehren konnte. Moser unternahm einen letzten Vermittlungsversuch. Er führte am 19. Dezember ein Gespräch mit Küng herbei und bat ihn eindringlich, seine Position in den beanstandeten Punkten zu klären und ihm diese schriftlich mitzuteilen. Am Tag darauf übergab Küng eine leider unbefriedigende Stellungnahme, mit der Moser nach Rom reiste. Er konnte aber kaum davon ausgehen, dass aufgrund dieses Schriftstücks eine neue Situation entstehen würde und mit einer vorläufigen Aussetzung der vorgesehenen Rechtsmaßnahmen zu rechnen sei. Am 22. Dezember wurde dem Bischof in der Glaubenskongregation erwartungsgemäß mitgeteilt, dass die Darlegungen von Küng inhaltlich nicht weiterführten und dass man deshalb auf der Erklärung bestehen müsse.

Daraufhin appellierte Bischof Moser direkt an den Papst, mit der Bitte, ihm die Angelegenheit persönlich vortragen zu dürfen. Diese Möglichkeit wurde ihm eingeräumt: Der Papst lud den Bischof mit einer Delegation der Deutschen Bischofskonferenz auf Freitag, den 28. Dezember, nach Castel Gandolfo ein.

Nach seiner Rückkehr aus Rom besuchte der Bischof am Sonntag, dem 23. Dezember, Küng erneut in seiner Tübinger Wohnung, informierte ihn über den Stand der Dinge und bat ihn nochmals, seine Erklärung doch so zu präzisieren, dass er sie dem Papst vorlegen und guten Gewissens sagen könne, Küng befinde sich in den beanstandeten Punkten auf dem Boden der Lehre der katholischen Kirche. Am 24. Dezember wiederholte der Bischof diese Bitte auch schriftlich. Aber Küng war inzwischen verreist und in seinem Auftrag antwortete am 26. 12. sein Mitarbeiter, Dr. Hermann Häring, dass Küng sich außerstande sehe, weitere Erklärungen abzugeben.

Damit war der Vermittlungsversuch des Bischofs gescheitert. Der »Dialog bis zur Erschöpfung« – wie Moser gerne sagte – hatte nicht zum gewünschten Ergebnis geführt. Eine bittere Enttäuschung für einen Bischof, der sich in dieser Weise engagiert hatte. Das Gespräch mit dem Papst in Castel Gandolfo fand in einer sehr offenen Atmosphäre statt, wobei der Papst wörtlich betonte: »Es geht nicht um den Kirchenkritiker, sondern um den Dogmatiker Küng.« Da der Bischof aber in den dogmatischen Fragen keine weiterführende Erklärung Küngs vorlegen konnte, musste das Unvermeidliche geschehen.

Am 30. Dezember 1979 teilte der Bischof Küng mit, dass er dessen Missio canonica widerrufe. Und am 31. Dezember 1979 teilte er dem Wissenschaftsminister mit, dass er gemäß den staatskirchenrechtlichen Bestimmungen das Nihil obstat für Hans Küng widerrufe.

Ein trauriges Kapitel hatte damit einen vorläufigen Abschluss gefunden. Es war Kardinal Johannes Willebrands, damals in Personalunion Erzbischof von Utrecht und Präsident des Päpstlichen Einheitsrates, der am Heiligabend (24. Dezember 1979) Bischof Moser einen Brief geschrieben und die Dinge nicht nur theologisch, sondern auch psychologisch haarscharf auf den Punkt gebracht hat. Dieser Brief von Kardinal Willebrands ist auf der gegenüberliegenden Seite abgedruckt.

Küng macht es sich zu einfach, wenn er am Tag nach dem Tod von Bischof Moser (10. Mai 1988) in einer unwürdigen Würdigung in der Südwestpresse behauptet, Moser hätte sich weigern müssen, ihm die Missio zu entziehen; er hätte »außerordentlich an Statur gewonnen, wenn er in diesem Moment in apostolischem Freimut seinen Mann gestanden hätte«. Vielleicht hätte Küng an Statur gewonnen, wenn er sich im Sinne von Kardinal Willebrands entgegenkommend und kompromissbereit gezeigt hätte. Aber darüber soll einmal die Nachwelt urteilen und nicht ein unmittelbar beteiligter Zeitgenosse.

Krankheit und Tod

Seit seiner Jugendzeit hatte Georg Moser mit einem Nierenleiden zu kämpfen, das zeitweise sogar zu seiner Erblindung führte und ihm das Theologiestudium fast unmöglich gemacht hätte, wenn man ihn nicht gegen den Rat der Ärzte dennoch ins Tübinger Wilhelmsstift aufgenommen hätte, und zwar aus Mitleid, weil seine Mutter gestorben war. So jedenfalls hat er es mir einmal erzählt.

Mit strenger Disziplin und ärztlicher Hilfe meisterte er diese Krankheit, bis sie ihn Mitte der Achtzigerjahre zur Dialyse zwang.

AARTSBISDOM UTRECHT
POSTBUS 14019
3508 SB UTRECHT
24.Dezember 1979

MALIEBAAN 40
TELEFOON (030) 316956
POSTREKENING 2703
TELEX: BISUT 40267

jb 1680-79

S.Exzellenz G.Moser
Postfach 9
7407 ROTTENBURG am Neckar 1 West-Duitsland

Exzellenz,

Lieber Bruder in Christo,

Gesternabend wurde ich von einem früheren Freund angerufen. Der Freund war Hans Küng. Er bat mich ihm zu helfen. Zuerst habe ich ihm viele Vorwürfe gemacht wegen seiner Härte, seiner Mangels an Liebe, seiner Agressivität u.s.w. Niemals hat er eine Einladung zu einem wirklichen Gespräch, zu einer Verantwortung seiner Lehren, seines Auftretens angenommen. Wie kann ich ihm helfen? Er soll sichselbst und uns helfen. Er sagte: 'Ich will in der Kirche bleiben'. Ich habe geantwortet: 'Du sollst in der Kirche bleiben'. Er wiederum: 'Ich lasse mich nicht hinausdrängen'. Das war wieder seine agressive Haltung und Methode, denn keiner will ihn hinausdrängen.

Soll man ihm eine Chance geben? Und wie? Versucht er Zeit zu gewinnen, die Entscheidung auf zu schieben? Er soll aber selbst seine Haltung klar machten durch eine Tat des Glaubens, und zwar konkret in einigen Punkten, einschliesslich über die Kirche und das Lehramt;

durch eine Tat der Liebe: er beruft sich immer auf 'Pinzipiën' und 'Rechte', spricht aber oft sehr lieblos, verfügt über viele Machtsmittel und wendet sie gerne an. Die Kirche ist unsere Mutter und auch wenn sie nicht makellos ist, man soll sie immer lieben;

durch eine Tat der Demut. Wir sollen ihn keineswegs demütigen, herabsetzen, er aber soll in der Demut seine Grösse suchen.

Wäre er dazu bereit, dan würde ich eine Frist für möglich halten.

Er hat sein Schicksal und das Schiksal vieler in seiner Hand. Eben wegen der vielen soll er zum äussersten in der Liebe und in der Geduld gehen. Wenn aber eine Grenze erreicht ist, dann sollen wir, auch wegen der vielen, mit Klarheit und Stärke im heiligen Geiste vorgehen.

Inzwischen wünsche ich Ihnen ein gesegnetes Weihnachtsfest, Licht in der Finsternis!

Euer Exzellenz sehr ergebener,

+ Johannes Kardinal Willebrands

Johannes Kardinal Willebrands,
Erzbischof von Utrecht.

Im August 1986 unterzog er sich einer Nierentransplantation, die sich als nicht erfolgreich erweisen sollte. Er starb im Stuttgarter Marienhospital am 9. Mai 1988 um 9.35 Uhr. Das Ärzte-Bulletin sagt: »Die aufgrund der Nierentransplantation notwendige immunsuppressive Therapie hat in Verbindung mit einer CM-Virus-Infektion zu einem chronisch progressiven Leberschaden und zum Tod im Leberkoma geführt.«Auf gut deutsch: Damit die Niere nicht abgestoßen wurde, musste man Medikamente einsetzen, die schließlich die Leber zerstörten.

Bischof Georg starb kurz nach seinem 40-jährigen Priesterjubiläum (19. März 1988) und kurz vor seinem 65. Geburtstag (10. Juni 1988). Aus Anlass beider Festtage waren bereits die Einladungskarten zu einem feierlichen Dankgottesdienst im Rottenburger Dom am 11. Juni 1988 verschickt worden. Als Festprediger war Professor Alfons Auer vorgesehen. Stattdessen fanden am 17. Mai 1988 der Trauergottesdienst und die Beisetzung in der Bischofsgruft auf dem Rottenburger Sülchen-Friedhof statt. Betroffenheit und Trauer waren groß, und zwar in allen Schichten der Bevölkerung und über die Diözese hinaus. Die Anteilnahme war überwältigend. Ein guter Hirte hatte seine Herde verlassen.»Die Kirche in Deutschland verliert mutigen Oberhirten« – so titelte eine überregionale Zeitung.

Die zahlreichen Nachrufe und Kondolenzschreiben brachten das Profil dieses Bischofs nochmals klar zum Ausdruck. Er war ein Volksbischof im besten Sinne, der seine Herkunft aus einfachen bäuerlich-handwerklichen Verhältnissen nie geleugnet hat. Und er war ein Intellektueller, der sich in akademischen Kreisen genauso souverän bewegen konnte. Seine solidarische – wenngleich kritische – Zeitgenossenschaft verschaffte ihm auch bei Andersdenkenden hohen Respekt. Mit Recht sagte der Vorsitzende der Deutschen Bischofskonferenz, Bischof Karl Lehmann, in seiner Predigt beim Requiem für Georg Moser:»Vieles, was sonst im Gegensatz steht: Schöpfung und Kultur, Natur und Gnade, Frömmigkeit und Weltbezug, hat er in seinem Lebens- und Glaubenszeugnis beinahe nahtlos zur Deckung gebracht.«

Hubert Bour

»Mit euch bin ich Christ – für euch bin ich Bischof«

Der Bischof – leidenschaftlich für die Kirche

Bischof Georg Moser hat sich leidenschaftlich um die Erneuerung der Kirche bemüht: während des Zweiten Vatikanischen Konzils, das er als Akademiedirektor verfolgte; dann als Weihbischof bei der Synode der Bistümer in der Bundesrepublik Deutschland; und schließlich hat er sich als Bischof in der von ihm einberufenen Diözesansynode 1985/86 mutig und vorausschauend für dringend nötige Reformen und pastorale Entwicklungen der Kirche eingesetzt. In vielen Predigten und Ansprachen hat er für eine weltoffene Kirche geworben, die das Evangelium von der Liebe Jesu glaubwürdig und barmherzig verkündet und bezeugt. Seine Predigten und Briefe sprechen uns mit ihrer theologischen Klarheit und Lebensnähe noch heute an.

Bei seiner Inthronisation (12. 4. 1975) betonte Bischof Moser, wie wichtig ihm ein lebendiges Miteinander von Bischof und Gläubigen in der Diözese war; »denn wir sind ein pilgerndes, vorwärtsdrängendes Volk Gottes, das unter dem Anspruch des Evangeliums steht«. Wenige Monate später nahm er zum ersten Mal als Diözesanbischof an der Bischofskonferenz teil und hielt (25. 9. 1975) im Dom zu Fulda eine bemerkenswerte Predigt. Darin setzte er sich kritisch mit dem damals oft zu hörenden Slogan »Jesus Ja – Kirche Nein« auseinander, bevor er sein sehr persönlich begründetes Bekenntnis zu unserer Kirche ablegte: »Ich liebe die Kirche.« Für viele Zeitgenossen – damals wie heute – klingt dieses Bekenntnis nahezu provozierend, wenn man auf den Reformstau der Kirche sieht.

Doch Bischof Moser scheute sich nicht, auch Kritik an der Kirche zu üben – aus Liebe zur Kirche. So hat er zum Beispiel im Beschluss der Diözesansynode deutliche Worte der Kritik bzw. Selbstkritik der Kirche gefunden: »Wir sind es oft selber, die dem Glauben und seiner Weitergabe im Wege stehen. Terminhetze, Verwaltungsmechanismen, Anonymität unserer Gemeinden, mangelndes Glaubenswissen, unbarmherziger Umgang...« (Teil I, Theologische Grundfragen). Bischof Mosers Zustandsbeschreibung unserer Kirche ist (leider) in weiten Teilen heute noch zutreffend.

Gerhard Rauscher

Gemeinschaft der Hoffenden

Ansprache bei der Inthronisation am 12. April 1975 (gekürzt)

»Jeder von uns empfing die Gnade in dem Maß, wie Christus sie ihm geschenkt hat. So sollen wir alle zur Einheit im Glauben und in der Erkenntnis des Sohnes Gottes gelangen« (Eph 4,7.13).

Wir haben ein Wort aus dem Epheserbrief gehört, das einhellig bekundet, was wir in dieser festlichen Stunde feiern. Weder um menschliche Würde noch gar um den Anspruch auf eine Herrschaftsstruktur geht es hier, sondern um Berufung und Sendung von Gott durch unseren Herrn Jesus Christus. Er ist es, der uns zu seinem Volk gemacht hat. Er ist es, der dafür sorgt, dass seine Kirche lebendig bleibt. Er ist es, der Teilhabe gewährt am apostolischen Amt. Ihn und seine Heilsgaben, nicht uns, feiern wir in der Dankgemeinschaft des Altars. [...]

Denn das sind wir: pilgerndes, vorwärtsdrängendes Volk Gottes. Nein, meine Lieben, als Kirche bilden wir nicht irgendeine Organisation, nicht eine starre Institution; wir bilden vielmehr eine lebendige, vom Gottesgeist beschenkte und herausgeforderte Gemeinschaft im Glauben. Wir wissen uns auf dem Weg, vertrauend auf die einst ergangene Verheißung und zuversichtlich hoffend auf das Ziel der Vollendung, das uns der auferstandene und erhöhte Christus eröffnet. Wir verstehen uns nicht als Gruppierung von Leuten, die in eine bestimmte Ideologie vernarrt sind, oder als ein Häufchen phantastischer Jenseitsträumer. Grund und Wurzel, Mitte und Ziel ist für uns Jesus Christus, in dem wir erfahren, dass Gott sich uns ein für alle Mal in Liebe zugewandt hat, dass wir weder dem Zufall noch der Verlorenheit ausgeliefert sind.

Als pilgernde Kirche stehen wir unter dem Anspruch des Evangeliums. Wer nicht zuerst auf Gott hört, hat der Welt nichts Neues und schon gar nichts Hilfreiches zu sagen. Beim lebendig machenden Wort muss es unter uns Christen zuallererst bleiben. Wir dürfen diese Botschaft nicht manipulierend missbrauchen. Keiner hat das Recht, mit ihr Gestriges und Überholtes zu sanktionieren. Es darf ja nicht alles beim Alten bleiben, wenn es beim ursprünglich Gegebenen und unbedingt Gültigen bleiben soll. Ebenso wenig sind wir befugt, das Evangelium modisch zurechtzufrisieren und etwa auf das zu verkürzen, was dem sogenannten modernen Menschen zumutbar erscheint. Es wäre schlimm, wenn der Mensch dieser oder jener Geistesrichtung (oder Geistesarmut) zum Maßstab dafür genommen würde, was Gott sagen oder nicht sagen darf. Kein anpasserisches Marktschreiertum und keine feige Willfährigkeit darf die christliche Botschaft ihres eigenen Inhalts und Klanges berauben. Johann Michael Sailer, ein Großer des letzten Jahrhunderts, nennt das Evangelium »ein Himmelsbrot für alle Menschen«. Und weil dieses Brot stärkend sein soll, mahnt er: »Seht fleißig darauf, dass ja keine Kieselsteine der Schul- und Zeitmeinungen in den Nährungs- und Stärkungsstoff des göttlichen Evangeliums hineingebacken werden. Es möchte sich sonst das arme Volk die Zähne ausbeißen oder vor Hunger sterben.«

Vermuten Sie in der Verwendung dieses Zitates keinen Seitenhieb auf die theologische Wissenschaft! Im Gegenteil: Eben weil wir das Wesentliche der christlichen Botschaft in jeder Geschichtsphase neu erheben müssen, ist theologische Reflexion von verschiedenen Ansätzen her notwendig und hilfreich. Gerade heute bedürfen wir des geistig vitalen Denkprozesses, wollen wir den Reichtum des Evangeliums der Gegenwart nahebringen. [...]

Diese geistig-geistliche Konzentration verbannt uns keineswegs ins Abseits einer weltlosen Frömmigkeit. Ähnlich wie das ewige Wort bei seiner Einfleischung die menschliche Natur angenommen hat, ohne auch nur das geringste von seiner radikal-göttlichen Eigenständigkeit einzubüßen, so hat auch die Kirche unter dem Gesetz der Inkarnation mitten in der geschichtlichen Wirklichkeit zu leben, damit sie ihr Gottes Gaben und Orientierung vermitteln kann. Gott will uns als aktive Partner im Schöpfungsgeschehen und im Mysterium des Heils.

»Freude und Hoffnung, Trauer und Angst der Menschen von heute, besonders der Armen und Bedrängten aller Art, sind auch

Freude und Hoffnung, Trauer und Angst der Jünger Christi. Und es gibt nichts wahrhaft Menschliches, das nicht in ihren Herzen Widerhall fände«, heißt es in der Pastoralkonstitution des letzten Konzils. In diesen Sätzen finden sich Reizworte für unser Verhalten. Die kritische Frage ist berechtigt: Sind wir mit unseren Überlegungen nicht oft an ganz anderem Ort als dort, wo Probleme aufbrechen, Entscheidungen anstehen und wo es gilt, den Zeitläuften zur Wende zu verhelfen? So häufig gebrauchte Worte wie ›Dienen‹, ›Solidarität‹ und ›brüderlich teilen‹ dürfen nicht folgenlos bleiben. Eben weil wir die Kirche nicht als Erbaulichkeitshäuschen betrachten, wäre es unredlich und inkonsequent, würden wir die Welt mit ihren Sorgen allein lassen oder uns gar hämisch darüber freuen, dass sie so viele Schwierigkeiten hat. Nichts und niemand kann uns vom Dienst an der Welt dispensieren. Die Nachfolge Jesu verpflichtet uns dazu, uns um die brennenden Fragen der Menschheit zusammen mit allen anderen zu kümmern: um die gerechte Verteilung der Güter, um den Aufbau des Friedens und den Abbau der Rüstung, um die Humanisierung der Arbeitswelt, um eine gesunde Umwelt, um den Bevölkerungszuwachs auf der einen und den Geburtenschwund auf der anderen Seite. Weder als Unheilspropheten noch als Fortschrittsoptimisten und erst recht nicht als eitle Besserwisser gehen wir diese Fragen an. Um der Menschen willen suchen wir mit nach Lösungen. Wir tun das zugleich als Betende, die sich von Gottes Weisung leiten lassen, damit sein und nicht unser Wille geschehe im Himmel wie auf Erden.

Und unermüdlich besorgt müssen wir auch sein um den einzelnen, den konkreten Menschen. Wo er um den Sinn des Lebens ringt, wo er zu verdorren droht, da haben wir als Kirche die Botschaft von Kreuz und Auferstehung vernehmbar zu machen. Dann zeigen sich Auswege, ergeben sich Alternativen zu den beherrschenden Zwängen. Angst und Mutlosigkeit weichen, beständige Freude beginnt zu keimen.

Von Christus her kann der Mensch auch dann Halt und Zuversicht erlangen, wenn er – und das ist früher oder später unausweichlich der Fall – an seine letzten Grenzen stößt. In unseren

Tagen scheint dies zum Dringlichsten zu gehören, dass der Mensch die große Verheißung seines Lebens erfährt, die Zusage nämlich: Hinter dir steht einer, der weiß von deinem Hunger nach Leben und von deiner Sehnsucht nach unzerstörbarer Freude – und er wird deinen Hunger stillen, deine Sehnsucht erfüllen. Wenn auch die Rätsel unseres Lebens sich nicht einfach auflösen, so erhalten wir doch durch ihn die Kraft, sie zu ertragen und nicht der mörderischen Resignation zu verfallen.

Jesus Christus, sein Wort, seine sakramentale Nähe und die von ihm erwartete Zeugenschaft sind für uns Orientierung. Weil er der Anwesende und der Maßgebende bleibt, sollten wir uns auch in einer Zeit dramatischer Spannungen und Veränderungen nicht an die Klagemauer zurückziehen. Sicherlich, Gott findet in der säkularisierten Welt selbst bei Getauften oft erbärmlich wenig Echo. Doch wenn wir alle miteinander die Anstrengungen und Opfer nicht scheuen, wenn wir die jedem von uns zugeteilte missionarische Verantwortung und den täglichen Dienst auf uns nehmen, dann werden wir – wozu uns heute das Evangelium auffordert – fruchtbringende Reben am einen Weinstock sein.

So erbitte ich mir nach einem Wort von Saint-Exupéry: »Herr, leihe mir ein Stück deines Hirtenmantels, damit ich meine Schwestern und Brüder mit der Last ihres Lebens und Leidens darunter berge.« Uns allen aber sei als im Glauben gefestigtem Gottesvolk gewährt, dass die Freude nicht schwinde, die Liebe nicht erkalte und die Hoffnung nicht sterbe.

Kirche – Ort der Bewährung

Predigt bei der Bischofskonferenz im Dom zu Fulda am 25. September 1975 (gekürzt)

Jesus und seine Kirche

Nun, eines ist sicher: Ohne die Kirche wäre Jesus längst in Vergessenheit versunken. Wenn jemand, dann hat die Kirche trotz all ihrer Schwächen und Sünden die Gegenwart Jesu Christi unter den Menschen lebendig gehalten. Mit Henry de Lubac fragen wir: »Wissen diejenigen, die Jesus noch annehmen, obwohl sie die Kirche leugnen, dass sie ihn letztlich nur ihr verdanken? ... Unter welchem Flugsand wären zwar nicht sein Name und sein Andenken, so doch sein lebendiger Einfluss, die Wirkung des Evangeliums und der Glaube an seine göttliche Person begraben ohne die sichtbare Kontinuität seiner Kirche?« Natürlich würde es manchem passen, Jesus nur im unmittelbaren persönlichen Erlebnis zu erfahren. Doch Jesus Christus hat sich ein für alle Mal unter das Gesetz der Fleischwerdung, der Inkarnation gestellt. »Tatsächlich wollte sich Jesus«, so sagte der große Tübinger Karl Adam, »den Menschen durch die Menschen schenken, auf dem Weg der Gemeinschaft also, nicht auf dem Weg der Vereinzelung und der Zerstreuung ... Nicht eine unendliche Reihe begnadeter Auserwählter, sondern ein gegliedertes Gefüge geheiligter Menschen, ein Gottesreich wollte er erwecken.« Und der heutige Tübinger Dogmatiker Walter Kasper schreibt: »Ein Christentum ohne Kirche wäre Utopie und Schwärmerturn. Die christlichen Glaubensüberzeugungen können sich wie alle anderen menschlichen Überzeugungen ohne ein gewisses Maß an Institutionalisierung nicht lange halten. In der Institution werden ja bestimmte Verhaltensweisen auf Dauer gestellt und habitualisiert.« Alles in allem ist es keine Phrase, zu sagen: Ohne die Kirche wäre der Name, das Angebot, das Werk Jesu Christi und die Gemeinschaft des Glaubens längst zerbröckelt und versandet. Von Anfang an bis heute gilt: Jesus und die Kirche gehören untrennbar zusammen.

Kritische Fragen

Das aus dem Evangelium wie aus der Geschichte zu begreifen, darf allerdings kein Anlass dazu sein, der Frage auszuweichen, ob wir als Kirche mit dem Willen und dem Auftrag Jesu Christi wirklich übereinstimmen. Tragen nicht wir selber dazu bei, dass heute viele zu Jesus Ja und im selben Atemzug zur Kirche Nein sagen? Bringt die Kirche, so fragten mich in einem Rundfunkgespräch Abiturienten, wirklich das zur Sprache, was Christus zu sagen hat? »Bei uns«, so meinte einer, »ist gerade im Religionsunterricht zu beobachten, dass die Lehr- und Lerninhalte weithin mit Religion und Glaubensdingen nichts mehr zu tun haben.« Wie steht es mit unserem Angebot? Kommen wir über einen angepassten und teilweise geradezu seichten Humanismus überhaupt noch hinaus? Was ist bei uns Hauptsache, was Nebensache? Wie oft erfahren wir beispielsweise, wie sehr Gebet und Eucharistie praktisch den unbedeutendsten Rang zugewiesen bekommen, während die eigenen Aktivitäten lärmend hochgejubelt werden. Ein Freund schrieb mir kürzlich: »Bei uns gibt es eine Unzahl von Funktionen und eine rührende Betriebsamkeit – den Geist aber muss man bei Tag mit der Laterne suchen. Eine Menge von Papieren und Finanzproblemen diktieren uns bis zum Überdruss.«

Trotz alledem – zum ganzen Jesus Christus gelangen wir nicht unter Umgehung und Abweisung der Kirche. Dass wir überhaupt wissen und erfahren, wer er ist und was er für unser Dasein bedeutet: das ist uns seit den Tagen der Apostel über die Jahrhunderte hin durch die Kirche bezeugt, durch die lebendige und konkret verfasste Gemeinde des Herrn.

Ich liebe die Kirche

Und darum bekenne ich – und ich würde mich freuen, wenn Sie es ebenso sagen könnten: Ich liebe diese Kirche, weil sie uns durch das Wort des Evangeliums in unbeschreiblicher Weise beschenkt. Dieses Wort ist mehr als tausend Informationen. Die Kirche bezeugt das Wort, von dem wir leben, auf das wir bauen können. Das ist keine selbstgebastelte Heilslehre, sondern das unumstößliche Jawort Gottes zu uns Menschen, ist das unwiderrufliche Angenommensein durch den Vater.

Ich liebe diese Kirche, weil sie uns die sichtbaren Zeichen der durch Christus gewährten Erlösung, die Sakramente, spendet, die uns einbeziehen in die Geschichte des Heiles. Hier dürfen wir Gottes ewige Liebe leibhaftig in uns aufnehmen. Ich liebe diese Kirche, weil sie uns dadurch zur Heimat wird, in der wir geschützt sind vor trostloser Unbehaustheit und orientierungsloser Verlorenheit. Hier erfahren wir wahre Geborgenheit und unzerstörbare Freude.

Ich liebe diese Kirche, weil sie uns von Christus her aufweist, was es ist um den bleibenden Sinn unserer Existenz. Noch einmal sei ein junger Mann zitiert, der sich in jenem Rundfunkgespräch dagegen wehrte, von der Kirche nur Partys, Freizeiten, Diskussionen und Ausflüge angeboten zu bekommen. Er erwartet, dass die Kirche ihm den Sinnhorizont seines Leben eröffnet und zeigt, welches Ziel ihm gesetzt ist. Wir erleben es heute ja geradezu dramatisch, dass eine Gesellschaft, um es mit Albert Einstein zu sagen, ohne Sinnantworten nicht nur unglücklich, sondern kaum lebensfähig ist.

Und ich liebe diese Kirche, weil sie uns herausfordert aus einem bloß egoistischen und zweckgerichteten Denken. Ich liebe sie, weil sie den Anspruch Jesu Christi weitergibt, das eigene Leben in Liebe zu verschwenden und als Getaufte das neue Leben Gottes in unserer Gegenwart Gestalt werden zu lassen. Ich liebe diese Kirche, weil sie im Namen des gekreuzigten und des auferstandenen Herrn todüberwindende Hoffnung vermittelt, weil sie uns dokumentiert, dass wir aus dem Reich der Finsternis in die Fülle seines Lebens gerufen sind. Ich liebe diese Kirche, nicht weil sie von sich selbst her so attraktiv und makellos wäre, sondern weil das Wesentliche in ihr verwahrt wird, nämlich die Liebe, die Vergebung und die Verheißung unseres Herrn.

Was ich erwarte

Aus eben diesem Grunde aber erwarte ich auch von der Kirche, dass sie durch den aufregenden Prozess der Erneuerung wieder ganz zu sich selber, zu ihren wesentlichen Aufgaben finde. Das heißt beileibe nicht, dass wir nun das soziale Engagement oder unsere Bildungsaufgaben eindämmen sollten, wie da und dort befürchtet wird. Doch es heißt: dass wir dort unsere Chance wahrnehmen, wo unsere Verheißung begründet ist; dass wir der Kühnheit und Dynamik des Glaubens mehr vertrauen; dass wir bewusster und frömmer schöpfen aus den Quellen der Sakramente; dass wir unseren Weltdienst deutlicher einbinden in den Heilsdienst; dass wir unser Augenmaß mehr von der Bibel als von Taktik bestimmen lassen; dass wir uns dem einzelnen Menschen mehr zuwenden als kurzatmigen Ideologien; dass wir aus der christlichen Hoffnung mehr Zuversicht zu gewinnen versuchen als aus Strukturmanövern – kurz, dass wir es wagen, unser Sein und Leben auf Gott und seine in Liebe ausgegossenen Gaben zu setzen. Sankt Paulus würde kurz sagen: Es kommt darauf an, dass wir in Christus sind.

Der bleibende Auftrag

Es ist nicht bedauerlich, sondern gut so, dass die Frage nach der Kirche durch die Rückbesinnung auf Jesus neu gestellt wird. Damit wir und andere die Kirche lieben können, muss sie nämlich das darstellen, was sie tatsächlich liebenswürdig macht. Wie könnte einer die Kirche lieben, wenn ihr Antlitz nicht freudig und angstfrei den widerspiegeln würde, der sie liebt und der ihr die Gaben seines Geistes schenkt? Wie könnte sie zur Heimat für den Menschen werden, wenn sie nicht Zeichen von Christi Nähe und seiner Großmut wäre? Nur dann wird der Anspruch der Kirche nicht zur institutionellen Anmaßung, wenn sie in einer intensiven Christusnachfolge die unzerstörbare Qualität des Lebens bezeugt.

Versuchen wir's unentwegt, Gottes reinigendem und belebendem Geist in uns selbst, in unseren Familien und Gemeinden neuen, weiten Raum zu geben. Dann werden wir imstande sein, in den äußeren und inneren Krisen der Zeit dem suchenden Menschen die Türen zu einer erfüllter Zukunft zu öffnen.

Bischof Georg Moser – sein Charisma: Junge Menschen schätzen und fördern

Wo immer möglich, nahm sich Bischof Moser Zeit für Begegnungen mit Kindern und jungen Menschen, trotz engem Terminkalender oder gerade deswegen. Kamen Kinder- und Jugendgruppen nach Rottenburg, hat er sie gerne empfangen und ihnen sein Bischofshaus gezeigt, sich nach ihrem Leben, ihren Fragen und Anregungen erkundigt und nebenbei durften sie aus einem riesigen Korb mit Süßigkeiten naschen. Allgemeine oder persönliche Briefe an Kinder und Jugendliche formulierte er besonders sorgfältig. Er hielt sein Versprechen, Briefe zu beantworten, weil er Fragen und Klagen und neue Ideen wirklich ernst genommen hat. Inmitten anstrengender Sitzungstage hat er öfter seine Nichte mit einer Mitschülerin zum Mittagessen eingeladen. Die Geschichten aus ihrem Alltag, aus der Schule und der Freizeit zu hören, waren für ihn erholsam. Er wolltre wissen, was Jugendliche interessiert und was sie lesen. Stets forderte er junge Leute auf, nach Sinn und Ziel ihres eigenen Lebens zu fragen. »Ihr müsst selbst wissen, wo es lang geht.«

Im Kloster Sießen fand 1976 das erste Franziskusfest für Jugendliche statt, zu dem sich unerwartet über 3.000 junge Menschen angemeldet hatten. Der Bischof verschob spontan den Start zu einer Missionsreise nach Afrika, um selbst mitfeiern zu können. Den jungen Menschen die Freude an der Beziehung zu Jesus Christus als Bereicherung ihres Lebens zu erschließen, zog sich wie ein roter Faden durch seinen Dienst.

In der Osterwoche 1984 schrieb Bischof Moser an die Ministranten in einem Brief: »Mir fällt auch nicht alles leicht... Wir sind alle auf dem gleichen Weg. Und schließlich ›fallen‹ Heilige nicht vom Himmel.« Dem Bischof lagen junge Menschen buchstäblich am Herzen. Er wollte ihnen seine Wertschätzung und Freude bezeugen. Gerne schrieb er Briefe an Kinder und Jugendliche und bat sie um ihre persönliche Meinung, die ihm viele Jugendliche zu seiner Freude auch mitteilten. Das war seine »zweite Kanzel«.

Junge Menschen sollten nachhaltig gute Erfahrungen mit Glaube und Kirche erleben können, in Jugendgruppen oder als Ministrantinnen und Ministranten, bei den Jugendtagen der Klöster und der Jugendverbände. In den 1970er-Jahren haben sich Jugendtage nachhaltig entwickelt. Bischof Moser schätzte sie als wertvolle Basis, auf der junge Menschen sich in ihrem Glauben und im Mitleben der Kirche wohlfühlen und geschätzt erleben sollten. Jugendliche waren für ihn gleichzeitig ein wunderbarer Schatz in den Gemeinden und unverzichtbar für die Zukunft der Kirche. Ministranten bezeichnete er als »nicht bloß eine jugendliche Verzierung, sondern wichtige Mitarbeiter mit prägendem Einfluss auf den Gottesdienst« (29.5.1987). Damals mischten bereits viele junge Mädchen »selbstverständlich« die Ministrantengruppen auf, was den Bischof so »wenig störte, wie die Ministranten heutzutage ›Lausbuben‹ sind«.

1977 in Schwäbisch Gmünd würdigte der Bischof die Jugendarbeit und nannte sie einen wesentlichen Stellenwert im Leben der Gemeinde. Auch wenn die Jugend zuweilen ein Unruhefaktor sei, müsse man ihr Engagement zu Themen wie der Friedensarbeit und der Behindertenbetreuung anerkennen. Die Kirche habe der Jugend viel zu verdanken. Und: »Wer die Kirchlichkeit der Jugend will, muss auch die Jugendlichkeit der Kirche wollen.«

Beim Ordenstag 1978 in Weingarten mit 6.000 Ordensleuten und Gläubigen sagte der Bischof: »Es gibt keine himmlische Versicherung für die baldige Genesung der Glaubensgemeinschaften«, doch müssten die Ordensleute selbst wieder darauf bauen, dass »die schwierige Phase in der Geschichte der Kirche« bald überwunden werden könnte. Die Ordensleute sollten sich der Jugend öffnen und neue Impulse annehmen.

In Gesprächen mit mir als Leiter der Diözesanstelle Berufe der Kirche betonte der Bischof, wie entscheidend es sei, dass die jungen Menschen in und mit der Kirche und ihren Verantwortlichen gute Erfahrungen machen, die den fruchtbaren Boden bilden, auf dem ihr Glaube und ihre Berufung zum Christsein und möglicherweise zu einem kirchlichen Beruf reifen können. Im Brief an die Ministranten 1984 schrieb er:»Wenn ich euch bei eurem Dienst sehe, vergesse ich manche Sorgen, die mich als Bischof bedrücken: Wie werden die christlichen Gemeinden von morgen aussehen? Wenn ich euch sehe, dann bin ich sicher, dass auch die Gemeinden von morgen lebendig sein werden: Christen, die wissen, was die frohe Botschaft Jesu für sie bedeutet; Gemeindemitglieder, die bereit sind, den Weg der Nachfolge zu gehen. Könnt ihr verstehen, dass die Sorge um die Berufe der Kirche einen Bischof fast nie verlässt? Lebendige Gemeinden brauchen Männer und Frauen, die sich ganz in den Dienst des Evangeliums stellen; wir brauchen zum Beispiel Pastoral- und Gemeindereferenten und Diakone, wir brauchen Priester. Auch wenn ihr natürlich frei bleibt in eurer künftigen Berufsentscheidung: Ihr versteht sicher den inneren Zusammenhang zwischen eurem und den weiteren kirchlichen Diensten. Und da ihr dem Altar so oft nahe seid, werdet ihr wohl auch denen zustimmen, die eine unsichtbare Linie vom Ministrantendienst zum priesterlichen Dienst ziehen. Keine Sorge, ich möchte keinen von euch zu etwas drängen, wozu er nicht von Gott berufen ist. Doch ich meine: Jeder von euch sollte über so wichtige Fragen ernsthaft nachdenken, vielleicht auch mit den Eltern oder dem Seelsorger darüber reden. Ich wäre euch allen dankbar, wenn ihr mit mir darum beten würdet, dass Gott den einen und anderen befähigt und beruft. Ihr erlebt ja selbst, wie unsere Gemeinden auf kommende Priester warten. Ihr dürft mir eure Meinung und gern auch eure Fragen schreiben, und, wie immer eure Briefe ausfallen mögen, ich verspreche euch auf alle Fälle, für euch zu beten, damit ihr jene Entscheidungen für euer Leben fällt, die euch zum ›Frieden sind‹ und zum ›Aufbau der Gemeinde dienen‹ – wie die Heilige Schrift in einem solchen Fall sagen würde.«

Bischof Moser legte Wert darauf, die Einladungen der Diözesanstelle Berufe der Kirche an Jugendliche zu bekommen. Manchmal sorgte er für eine Überraschung: Befand er sich in einem Tagungshaus oder Kloster, wo gleichzeitig Besinnungstage der Diözesanstelle Berufe der Kirche stattfanden, überraschte er die Gruppe mit einem kurzen Besuch. Er begrüßte die erfreuten jungen Leute, interessierte sich für ihre Themen und sprach ihnen Mut zu für ihren Weg. Immer hat er auch realistisch die persönlichen Herausforderungen und möglichen Krisen auf den vor ihnen liegenden Lebenswegen erwähnt. Er gab Tipps aus seinen eigenen Erfahrungen, indem er sein Vertrauen in Gott, sein Gebet und die Bedeutung der Gemeinschaft mit Menschen eindrucksvoll bezeugte.

Berufungen zu fördern, bedeutete für ihn nicht allein Werbung für Priester- und Ordensberufe, so sehr er ihre Bedeutung für die Kirche hervorhob. Für ihn galt die Berufung zum Menschsein, zum christlichen Leben, zum Leben in und mit der Kirche als grundlegend, um daraus Überlegungen zu einem Beruf in der Kirche entwickeln zu können. Er nahm intensiv Anteil an den Berufungsfragen junger Menschen. Er legte Wert darauf, dass junge Frauen den Weg in die neuen pastoralen Berufe und ehrenamtlichen Dienste in die Gemeinde fanden.

Der Bischof warb um die damit verbundene Mitverantwortung aller Gläubigen in den Gemeinden für das Wachstum von Talenten und Berufungen. Zwischen 1976 und 1978 gab es eine Reihe von Podiumsgesprächen in größeren Städten, oft mit 500 bis 1.000 Menschen.

Sein großes Lebenswerk, die Diözesansynode 1985/86, stand bewusst unter dem Thema: »Die Weitergabe des Glaubens an die kommende Generation.« Oft hat er persönlich nach dem Fortgang der Beratungen in der Jugendkommission gefragt und wichtige Anregungen eingebracht. Der Jugendteil des Synodenbeschlusses ist bis heute ein fruchtbarer Boden, aus dem nachhaltige Initiativen der kirchlichen Jugendarbeit herausgewachsen sind. Er hat die kirchlichen Jugendverbände und ihre Arbeit geschätzt wie herausgefordert, denn Kinder und junge Menschen waren für Bischof Moser »die verleiblichte Zukunft der Kirche«. Seine Zuneigung als Bischof, Seelsorger und Freund der jungen Menschen war sein gelebtes Charisma.

Am Palmsonntag 1988, als er von seiner Krankheit schwer gezeichnet den Gottesdienst im Dom beendet hatte, durfte eine

Gruppe junger Männer, die im Priesterseminar zu Gast waren, zu ihm in die Sakristei kommen. Der Bischof ermutigte sie zum Priesterberuf. Er sprach sowohl über seine Schönheit wie über all die Mühen, die mit dieser Berufung einhergehen, bezeugte aber auch das Wirken der Gnade Gottes in diesem Dienst. Es war seine letzte segensreiche Begegnung mit jungen Menschen.

Der Brief des Bischofs an junge Christen aus dem Jahre 1979 »Christus ruft – Menschen warten« ist ein eindrucksvolles Zeugnis, wie er Jugend- und Berufungspastoral verstanden hat.

Am Puls des Lebens – Berufe der Kirche

Priester, Diakone, Frauen und Männer in den pastoralen Berufen der Gemeinden, im Religionsunterricht, in der Pädagogik, der Jugendarbeit, in der Pflege, in liturgischen und vielen praktischen Diensten der Kirche begegnete Bischof Moser mit seiner großen Wertschätzung. Unermüdlich suchte er Gelegenheiten, den Menschen in kirchlichen Berufen zu begegnen und ihnen Dank, Anerkennung und neue Ermutigung für ihren Dienst auszusprechen – brillant formuliert, wissend um die Details des jeweiligen Dienstes, einfach authentisch.

Die in der Taufe geschenkte Berufung zum Christsein in Kirche und Welt war für den Bischof die gemeinsame Wurzel, aus der die Talente und Begabungen wachsen, aus denen im Laufe der Entwicklung die eigene Berufung durch Jesus Christus erkennbar wird. Berufungen und Begabungen zu fördern, zu pflegen, zu deuten und umzusetzen in konkrete Berufe in Kirche und Welt hatte für Bischof Moser hohe Priorität. Mit Freude begleitete er junge Menschen auf ihrem beruflichen Weg, erst recht wenn dieser Weg in einen kirchlichen Beruf führte.

Aus guten Gründen lagen dem Bischof die Priester und Ordensberufe sehr am Herzen. Es war ihm ebenso wichtig, begabte junge Frauen und Männer für die Gemeindepastoral und den Religionsunterricht zu beauftragen, weil sie ihm in seiner visionären Sicht der Kirche als begabte junge Menschen für die Weitergabe des Glaubens unverzichtbar schienen.

Aus Predigten vor Mitarbeiterinnen und Mitarbeitern lässt sich stellvertretend auch für alle hier nicht genannten tätigen Berufsgruppen in der Diözese nachweisen, wie er ihre gemeinsame Berufung durch Jesus Christus verstanden hat, wie sehr er die jeweiligen Besonderheiten und Herausforderungen des beruflichen Alltags kannte und Worte der Anerkennung und Ermutigung zusprach. Der Bischof wurde authentisch, wenn er bei aller Mühe des kirchlichen Alltags jene spirituellen Quellen aufzeigte, aus denen in einer lebendigen Beziehung zu Christus die Kraft des Heiligen Geistes geschenkt wird. Dazu gehörten die Verwurzelung im Evangelium, die Teilnahme am Leben der Kirche und das Gebet. Von der Kraft des Gebetes überzeugt, appellierte er leidenschaftlich an alle, mit ihm in Gebeten »den Himmel zu bestürmen«.

Bischof Moser hat nie nachgelassen, sich um Beziehungen zu den Menschen zu kümmern, eine glaubende, hoffende Gemeinschaft zu stiften und erfahrbar zu machen. Authentisch, manchmal kantig emotional, gelegentlich auch heftig konnte er in einer Begegnung eigene Akzente setzen. Dennoch: Kommunion und Kommunikation galten als seine Maßstäbe im Umgang mit den in der Kirche beruflich aktiven Frauen und Männern und selbstverständlich für alle ehrenamtlich Tätigen.

Rolf Seeger

Christus ruft – Menschen warten

Brief an die jungen Christen zum Welttag der geistlichen
Berufe 1979

Liebe Jugendliche,

bei vielen Gemeindebesuchen konnte ich das Zeugnis der Jugend
unserer Diözese erleben. Mit Freude durfte ich immer wieder
hören und sehen, wie viele von euch sich in den Gemeinden engagieren. Das ermutigt mich, mit euch über ein wichtiges Thema in
unserer Kirche zu sprechen, nämlich das Thema »Kirchliche
Berufe«.

Viele von euch sind Mitglied einer Jugend- oder Ministranten-
gruppe oder sonst in irgendeiner Weise am kirchlichen Leben
beteiligt. Ihr wollt nicht nur Christen heißen, sondern als Christen
leben – und dies nicht für euch allein, sondern zusammen mit
anderen Menschen. Deshalb tragt ihr das Leben der Gemeinden
mit. Ich betrachte dies nicht als eine Selbstverständlichkeit. Es ist
vielmehr Zeugnis dafür, dass ihr das Evangelium zu leben versucht, dass ihr es einbringen wollt in die Gemeinschaft der Menschen.

Was ihr da tut, ist in meinen Augen keine Sache am Rande, sondern ganz wesentlich für den Aufbau einer lebendigen Kirche. Ihr
sollt wissen, dass ich mich darüber sehr freue und ihr sollt auch
wissen, dass ich euch dafür von ganzem Herzen danke!

Ihr müht euch ehrlich, als junge Christen überzeugend zu leben.
Dazu ist es sicher nicht zufällig gekommen. Bestimmt seid ihr
Männern und Frauen begegnet, die euch dazu ermuntert oder die
euch durch ihr Vorbild, ihren Einsatz, durch ihre Freude und ihren
Mut dazu angeregt haben. Als ihr diesen Menschen begegnet seid,
da habt ihr sicher auch gespürt, dass Christus, der Herr unserer
Kirche, und sagen wir auch der Bruder unserer Angelegenheiten
und der Begleiter unserer Nöte mit im Spiel war.

Gerade deshalb möchte ich euch bitten, auch zu überlegen, wie
Christus in euer weiteres Leben hineinwirkt. Warum sollte Er, der

euch in die jetzige Tätigkeit gerufen hat, nicht auch in eurer Berufsentscheidung da sein und die Richtung weisen? Engt euch nicht zu sehr auf eigene oder momentane Vorstellungen ein; denn es könnte sein, dass der Herr euch fragt: Möchtest du nicht noch mehr für mich da sein? Zwar vernimmt man das nicht auf dem Arbeitsamt oder auf der Straße, aber durch eure Jugendarbeit kann irgendwann und irgendwie einmal die Frage aufkommen: Soll ich nicht noch mehr auf Gott hin leben und ganz für die Menschen da sein – mit Glauben, mit Intelligenz, mit Mut und mit Liebe?

Zurzeit liegen mir ganz besonders die Priester- und Ordensberufe am Herzen, denn an diesen Berufen mangelt es gegenwärtig am meisten. Euch brauche ich dies ja nicht zu erklären, da ihr aus eigener Erfahrung wisst, wie wichtig es ist, dass zum Beispiel Priester da sind, die für euch Zeit haben. Wichtig ist auch, dass Ordensleute da sind, die uns Gelegenheit geben, in der Stille eines Klosters oder im Apostolat einer Mission oder in der sozialkaritativen Tätigkeit in unserem eigenen Lande Christentum konkret zu erleben und zu vermitteln. Deswegen bitte ich euch, euer Herz aufzumachen und zu fragen, ob ihr nicht zu einem solchen Dienst berufen seid.

Als Bischof bitte ich euch darum, weil ich von meinem Amt her dafür verantwortlich bin, dass den Menschen in Freud und Leid, in Not und Glück, in Stunden der Trauer und der Freude, bei Geburt und beim Tode und bei allem, was dazwischen ist, Frauen und Männer zur Verfügung stehen, die für sie da sind und sich öffnen, um ihnen einen Weg zu zeigen, der zur Bewältigung ihres Lebens, ja, der zu Gott führt. Das ist die Aufgabe aller, die im kirchlichen Dienste stehen; denn Kirche ist da, um die Menschen zu begleiten, um bei ihnen zu sein auf ihrem Wege, um ihnen den vollen Sinn des Lebens zu erschließen.

Dass dies nicht immer zu bürgerlichem Wohlstand oder zum »Ruhe haben« führt, ist kein Grund, diesem Dienst auszuweichen. Denn wir sind nicht dazu da, um satt zu leben, sondern um die Verantwortung, die, wir als Christen haben, wahrzunehmen. Das erfordert manchmal Wagnisse. Warum aber sollten wir uns die nicht zumuten? Wenn die ersten Christen, wenn die Christen in den Verfolgungszeiten und in den späteren Jahrhunderten nichts gewagt hätten, dann wäre unsere Kirche heute nicht mehr. Ich kann mir nicht vorstellen, dass die Jugend von heute weniger Mut zum Wagnis hat wie die früherer Zeiten. Überlegen Sie, hören Sie in sich hinein, beten Sie um Klarheit, an welchem Platz Christus Sie haben möchte. Bedenken Sie die Worte unseres Papstes Johannes Paul II.: Christus »will mit eurer Stimme zu den Menschen von heute sprechen, … will mit eurem Herzen lieben, mit euren Händen helfen, mit euren Mühen retten. Denkt gut darüber nach! Die Antwort, die viele von euch geben können, richtet sich an Christus persönlich, der euch zu so Großem beruft.«

Es gibt Menschen, denen ist der Weg als Familienvater, als Ehefrau, als Mutter vorgezeichnet. Aber es gibt auch den Weg als Ordensfrau, als Ordensmann, als verheirateter kirchlicher Mitarbeiter oder als eheloser Priester.

Was mir oft Sorgen macht, ist, dass viele junge Menschen nicht mehr ernsthaft hören, welcher Weg für sie bestimmt ist. Jedem aber schenkt Christus seine eigene Berufung und jeden ruft Er in diesen oder jenen Dienst. Ich bitte Sie herzlich, hören Sie auf seinen Ruf und folgen Sie ihm.

Ich möchte euch nicht vorenthalten, wie es bei mir persönlich gewesen ist, wie ich zum Priestertum gefunden habe. Neben einer gläubigen und kirchlich engagierten Familie war es vor allem die Jugendarbeit, die Gemeinschaft mit Gleichgesinnten und Jugendseelsorgern, die mich am Anfang der Nazizeit zur Überzeugung führten, ich müsse mein Leben der Verkündigung des Evangeliums widmen und damit den ideologisch zutiefst gefährdeten Menschen. Ich musste erleben, wie Menschen »geführt« und verführt wurden. Ich musste zusehen, wie Leid und Not des Krieges die Menschen bedrängten und ihr Glück zerstörten.

Das alles war mir Anlass, darüber nachzudenken, ob ich nicht im priesterlichen Dienst helfen und Wegbereiter sein könnte. So entschloss ich mich, Theologie zu studieren und mich aufs Priestertum vorzubereiten.

In dieser Zeit waren es vor allem Freunde und ein paar Priester, die mir halfen, Barrieren zu überwinden und den eingeschlagenen Weg weiterzugehen. So erlebte ich, dass alltägliche Dinge und Begegnungen, vor allem aber die Menschen um uns herum einem helfen, Christi Ruf zu verstehen, sich darauf einzulassen und durchzuhalten. Es gibt dabei Höhen und Tiefen, es gibt Stunden der Freude und des Glücks, jedoch auch Stunden, in denen man nicht mehr weiß, wie es weitergehen soll. Nie sind wir aber alleingelassen.

In unserer Kirche sind wir eine große und hoffnungsvolle Gemeinschaft mit Christus.

Hirtenbrief an die Sechs- bis Zwölfjährigen in der Diözese Rottenburg-Stuttgart (gekürzt)

Liebe Kinder!

Ihr sollt heute einen eigenen Brief vom Bischof erhalten. Darin möchte ich mit euch über die Ferienfreuden sprechen. Viele von euch werden sich sicher darüber Gedanken machen, wo und wie sie ihre Ferien verbringen können. Manche dürfen in einem Ferienlager oder auf einer Reise mit ihren Eltern viel Schönes und Spannendes erleben. Aber auch wenn ihr daheim bleibt, machen die Ferientage Spaß. Ihr könnt zusammen spielen, Rollschuh laufen, Rad fahren, schwimmen, einen Familienausflug planen, etwas Schönes basteln, ein Buch lesen ... Es kommt darauf an, dass jedes von euch genug Phantasie und Unternehmungslust hat, dann wisst ihr alle mit der Ferienzeit etwas Gutes anzufangen.

Nun, dazu möchte ich euch eine kurze Geschichte erzählen von einem alten Mann aus Afrika. Vielleicht kennt ihr diese Geschichte schon. Ihr könnt einmal darüber nachdenken oder miteinander darüber sprechen, was sie mit unseren Ferien zu tun haben könnte:

Der Mann hieß Daniel. Er glaubte an Gott. Doch jemand wollte sich über ihn lustig machen. Der fragte: Woher weißt du, Daniel, dass es einen Gott gibt? Daniel antwortete: Woher weiß ich, ob ein Mensch oder ein Hund oder ein Esel nachts um meine Hütte gegangen ist? Ich sehe es an den Spuren im Sand. Und auch in meinem Leben sind Spuren eingedrückt, Spuren Gottes.

Liebe Kinder, ihr habt bestimmt alle schon einmal Spuren gesehen. Vielleicht habt ihr selbst auch schon Spuren gezogen, auf weichem Boden oder im Winter, wenn es frisch geschneit hat. Daniel sagt, dass in seinem Leben Spuren eingedrückt sind, Spuren Gottes. Er weiß, dass Gott da ist, dass er ihm nahe ist. Wohl kann Daniel Gott selbst nicht sehen, aber er kann die Spuren Gottes erkennen. Überlegt mal, ob wir nicht auch Spuren Gottes finden, wenn wir in den Ferien ab und zu besonders darauf achten. Ich bin sicher, dass Gott in jeden Tag der Ferien viele Spuren von sich eindrückt.

Wenn ihr zum Beispiel ins Gebirge fahrt, dann sagen euch die hohen, gewaltigen Berge, dass Gott unermesslich groß und stark ist. Oder wenn ihr irgendwo eine kleine Blume oder nur einen Grashalm ganz genau betrachtet, dann werdet ihr staunen über die Schönheit Gottes, die sich darin zeigt. Andere sehen, wenn sie am Ufer des Meeres oder eines Sees in der Abendsonne sitzen, im Glitzern des Wassers einen Glanz von der Schönheit des Schöpfers. Viele bewundern auch große Brücken mit gewaltigen Bogen oder lange Tunnels tief unter der Erde. Sie wurden von Menschen gebaut. Aber hierzu gab Gott ihnen etwas von seinem Wissen und von seiner Kraft.

Aber nicht bloß die Dinge oder Tiere, ganz besonders ist jeder Mensch eine Spur Gottes. Wenn eure Eltern, andere Erwachsene oder eure Freunde und Freundinnen froh und hilfsbereit sind, wenn sie mit euch spielen oder euch etwas schenken, dann ist das eine kleine Spur der Freundlichkeit und der unendlichen Liebe Gottes.

Passt nur gut auf, dann könnt ihr sicher jeden Tag neue Spuren Gottes in eurem Leben finden. Manchmal sind sie ganz leicht zu entdecken, sind sie deutlich und unübersehbar; und ein anderes Mal muss man schon ein Meister sein in diesem Spurenlesen.

Die schönste und wichtigste Spur, die Gott der Welt und für unser Leben geschenkt hat, ist sein Sohn Jesus Christus. Er spricht zu uns, zeigt uns den Weg zum Vater. Sicher habt ihr auf einer Fahrt oder bei einem Ausflug schon einmal ein Wegkreuz am Straßenrand oder ein Bildstöckchen betrachtet. Auf einem solchen Kreuz las ich einmal:

»Gottes Größe, Gottes Spur findest du in der Natur.
Doch willst du ihn noch größer sehen,
dann bleib an diesem Kreuze stehen.«

Wir sollen also auch im Kreuz eine Spur Gottes erkennen. Jesus Christus ist für alle Menschen am Kreuz gestorben. So hat er uns am tiefsten gezeigt, wie sehr wir geliebt sind. Ich bitte euch, bleibt doch einmal an einem Wegkreuz stehen und dankt für diese Liebe! Freiwillig hat Jesus das Kreuz auf sich genommen und ist für uns gestorben. An Ostern aber ist er für uns auferstanden. Seitdem dürfen wir zu ihm kommen mit allem, was uns plagt. Er tröstet uns vom Kreuze her, denn mit ihm hat das Gottesreich schon begonnen, weshalb immer ein Grund zur Freude bleibt. Manchmal findet ihr auch in einem Bildstock, in einer Wegkapelle oder in den Kirchen, die ihr besucht, das Bild der Gottesmutter. Sie ist eine besonders deutliche Spur Gottes, die immer zu Jesus führt. Maria zeigt, wie auch ihr Kinder eine lebendige Gottesspur werden könnt, und sie hilft dazu. Wenn ihr für andere wie Maria eine Spur Gottes sein wollt, dann müsst ihr selber jeden Tag zu Jesus gehen, mit ihm sprechen, ihn liebhaben. Ihr müsst aber seine Liebe und seine Freundlichkeit auch weiterschenken. Bestimmt findet ihr heraus, was euren Freunden oder Geschwistern Freude bereitet. Mit so etwas könnt ihr sie dann überraschen oder ihr könnt auch anderen Leuten einfach bei etwas helfen. Vielleicht kennt ihr auch ein behindertes Kind, dem ihr Gesellschaft leisten oder sonst wie eine Freude machen könnt. Ihr werdet sehen, liebe Kinder, eure Ferien sind dann umso schöner, wenn ihr jemand glücklich machen könnt. So hinterlasst ihr selber Spuren, an denen andere sehen können, dass Gott auch sie gern hat. Unsere Welt, die so voll Not, Lieblosigkeit und Leid ist, braucht solche Gottesspuren.

Ich danke euch dafür, liebe Kinder, dass ihr mir zugehört oder diesen Bischofsbrief gelesen habt. Als Grußwort rufe ich euch zu, was in einem Psalm steht:

Der Herr behüte euch vor allem Bösen, er behüte euer Leben.
Der Herr behüte euch, wenn ihr fortgeht und wenn ihr wiederkommt.

Mit herzlichen Segenswünschen und Grüßen
Euer Bischof
Georg Moser

Rottenburg am Neckar, am Fest der heiligen Apostel Petrus und Paulus, dem 29. Juni 1980

Brief an die Priester

19. März 1988, am Tag der 40-jährigen Priesterweihe
(gekürzt)

Liebe Mitbrüder im priesterlichen Dienst!

[...]

Manches bedenke ich wie Sie immer wieder neu im Blick auf die Kirche und ihre Aufgabe in unserer Zeit, näherhin unseren priesterlichen Dienst. In diesem Brief möchte ich einiges von dem ansprechen, was mich bewegt. [...]

Was uns bewegt

Viele von Ihnen [...] fragen sich heute: Werde ich allmählich nicht zum bloßen Funktionär, der kaum mehr Zeit hat, den eigenen Glauben zu vertiefen, obwohl er das doch anderen dauernd predigt? Wie finde ich durch das Gestrüpp so vieler Termine und Verpflichtungen zurück zu dem Ziel, das doch immer mein eigentliches Berufsziel war: nämlich wirklich Seelsorger zu sein? Bin ich wirklich noch dran, anderen Menschen dabei zu helfen, Menschen nach Gottes Plan und Ziel zu werden – oder zähle ich zu den von tausend Vordergründigkeiten Beschlagnahmten? Wie kann ich mich auf erlaubte Weise wehren gegen den oft unzumutbaren Erwartungsdruck, nicht zuletzt gegen gelegentlich deutlich artikuliertes Anspruchs- und Versorgungsdenken? Wie schaffe ich es, ausgehend von den Grunddiensten der Kirche, wirklich pastorale Prioritäten ins Leben meiner Gemeinde einzubringen? Und wer nimmt mich gegebenenfalls in Schutz, wenn ich dafür anderes – zum Unmut mancher Gemeindemitglieder – nicht mehr mache? Wie weit geht meine persönliche Verantwortung für das Heil der Menschen in meiner Gemeinde? Bin ich mitschuldig, wenn auch im meiner Pfarrei die Glaubenssubstanz schwindet? Wie kann einer leben mit dem Gefühl: Solange ich hier bin, wird es (vielleicht) noch einigermaßen gehen, aber ich sehe doch, wie so manches abbröckelt. Kann man überhaupt arbeiten fürs Reich Gottes, wenn so wenig Erfolg sichtbar wird, wenn uns die Trends des öffentlichen Lebens dauernd zu widerlegen scheinen?

Liebe Mitbrüder, ich frage mich: Sind wir bei alledem noch in der Lage, die Umsetzung unserer Diözesansynode mitzutragen? Was können wir für die Weitergabe des Glaubens an die kommende Generation wirklich tun und wie können wir zu einer »Glaubenswende« (Eugen Biser) beitragen? Oder, falls die Zeit dafür noch nicht reif ist, können wir gemeinsam auch eine Zeitlang diese »winterliche Kirche« (Karl Rahner) aushalten, ohne zu erstarren? Zu welcher Flexibilität sind wir alle fähig; zu welcher Selbstentäußerung und Preisgabe liebgewonnener, aber auf Zukunft hin gesehen unergiebiger pastoraler Gewohnheiten? Sind wir bereit, Verantwortung zu teilen? Wie lässt sich's denn erreichen, dass wir – um die zwar inhaltsreiche, aber schon verbrauchte Formel zu benutzen – immer mehr von der versorgten zur mitsorgenden Pfarrgemeinde kommen?

Dazuhin sagt bald jeder: »Verwaltung wird bei uns viel zu groß geschrieben.« Doch seltsam: Warum beherrschen uns denn organisatorische und administrative Aufgaben so sehr? Wenn Sie sich womöglich hier unter Druck gesetzt fühlen durch Papiere, Bestimmungen und Anordnungen von »oben« – haben Sie selbst den Mut zu strafferem System? Mir scheint, dass so manches Missverständnis besprochen werden sollte, zum Beispiel im Priesterrat.

Liegt's nicht auch an der Art, wie Schwerpunkte in unserer Arbeit gesetzt werden? Wird nicht beispielsweise von manchen Kirchengemeinderäten unter Leitung ihrer Pfarrer eingehender darüber debattiert, wie das nächste Gemeindefest ablaufen und der Umbau eines kirchlichen Gebäudes finanziert werden soll, als über eine Firmvorbereitung, die alle angehen und bewegen sollte, über eine Aktion zugunsten bestimmter »Randgruppen« oder für Menschen in leiblicher und seelischer Not? Lassen Ihnen die anderen Zeit, nehmen Sie sich selbst Zeit für Fort- und Weiterbildung und eigenes Studium? Und wie sieht es mit der religiösen Prägung unseres Alltags aus – mit dem Stundengebet und dem persönlichen Beten, mit der heiligen Messe am Werktag und dem Besuch des Allerheiligsten, mit Studium und Meditation der Heiligen Schrift, mit Exerzitien? Haben Sie geistlichen Austausch unter Mitbrüdern, haben Sie einen persönlichen Beichtvater?

Schließlich möchte ich einfach die Frage stellen, die ich für entscheidend halte: Leben wir, jeder Einzelne und wir alle als Presbyterium dieser Diözese, noch aus denselben Wurzeln? Bauen wir auf demselben Fundament, das uns bei unserer Berufung von Anfang an in unserem Dienst immer getragen hat? Wird unser Sein und unser Tun aus den tiefen Quellen Gottes selbst gespeist? Wenn ja, dann müsste sich wohl mehr Gottvertrauen, Hoffnung, Offenheit für die Zukunft entdecken lassen als sorgenschwere Angst, Mutlosigkeit oder hastige, überzogene Aktivität. Lesen Sie, falls Sie derartige Ermüdungserscheinungen der Seele in sich verspüren, wieder einmal jenes Gleichnis im 4. Kapitel bei Markus: »Er sagte: Mit dem Reich Gottes ist es so, wie wenn ein Mann Samen auf seinen Acker sät; dann schläft er und steht wieder auf, es wird Nacht und wird Tag, der Samen keimt und wächst, und der Mann weiß nicht wie. Die Erde bringt von selbst ihre Frucht, zuerst den Halm, dann die Ähre, dann das volle Korn in der Ähre. Sobald aber die Frucht reif ist, legt er die Sichel an; denn die Zeit der Ernte ist da.«

Die Wurzel, aus der wir leben

Ohne vorschnell Antworten festschreiben zu wollen – wer könnte das schon? –, möchte ich unterstreichen, dass wir im Jetzt unserer Geschichte das Gemeinsame festhalten und für die Zukunft vertiefen müssen. Denn alles pastorale Handeln setzt gemeinsame Fundamente und Grundsätze voraus.

Jesus Christus ist der Herr
Der Herr sagt uns im Johannesevangelium: »Bleibt in mir, dann bleibe ich in euch. Wie die Rebe aus sich keine Frucht bringen

kann, sondern nur, wenn sie am Weinstock bleibt, so könnt auch ihr keine Frucht bringen, wenn ihr nicht in mir bleibt« (Joh 15,4). Dieses Wort beschreibt eine Verbindung zwischen Christus und uns, wie sie tiefer nicht sein kann. Sie hat ihre Entsprechung in der Beziehung Jesu zum Vater (vgl. Joh 14,10). Hier verweist uns Jesus auf die eigentliche Lebensquelle für ein fruchtbares Wirken, mit der wir um jeden Preis verbunden bleiben müssen. Denn:»Getrennt von mir könnt ihr nichts vollbringen« (Joh 15,5). Was heißt dieses Bleiben in Christus? Dass sein Wort und sein Geist in mir wirken, dass ich mich immer wieder neu der aus seinem Tod und seiner Auferstehung strömenden Kraft in der Eucharistie öffnen soll und darf:»Wer mein Fleisch isst und mein Blut trinkt, der bleibt in mir, und ich bleibe in ihm« (Joh 6,56). Es geht um das treue Durchhalten des Glaubens an Christus, ein Sich-halten-Lassen von ihm – so wie der Zweig vom Weinstock. In Christus sein und Gemeinschaft mit ihm leben (vgl. Phil 3,7–21). Und: Sein und Bleiben in Christus hat Konsequenzen – ein seinem Geist und Wesen entsprechendes Leben, eben Frucht bringen in der Nachfolge.

Liebe Mitbrüder, wenn diese persönliche, durch das Gebet und die Sakramente gehaltene Verwurzelung in Christus und seinem Geist uns alle bestimmt, dann habe ich keine Angst um unsere Zukunft! Denn nicht darauf wird es letztlich ankommen, wie viele Priester und kirchliche Mitarbeiter wir der Zahl nach haben, sondern darauf, dass wir genügend gute, überzeugte und überzeugende Priester, Diakone und Laien sein werden. Andernfalls hätten die (verständlicherweise oft recht verzagten) Jünger Jesu von vornherein aufstecken und angesichts einer total anders eingestellten Welt ihr»Evangelisierungsprogramm«, das heißt die Sendung Jesu, an den Nagel hängen können.

Zur Auferbauung der Kirche
So persönlich die besondere Berufung des einzelnen Priesters ist, so wenig ist sie andererseits seine Privatangelegenheit. Jesus spricht die Apostel an, die auf sein Wort hin mit der Kirche anfangen. Das

»Bleibt in mir …« realisiert keiner auf eigene Faust, sondern nur so, wie es Roger Schutz sagt: »Man kann ein Leben mitten in ungläubiger Umgebung nur dann aushalten, wenn man fest mit dem Leib der sichtbaren Kirche verbunden ist.« So bekommt das Bekenntnis zur Una, Sancta, Catholica und Apostolica erst seinen richtigen Klang.

Immer öfter stelle ich betroffen fest, dass auch Priestern dieser wesentliche Aspekt nicht voll bewusst zu sein scheint. Das Zweite Vaticanum hat klar ausgesprochen, dass Kirche stets zugleich Weltkirche und Ortskirche ist. Unter »Ortskirche« versteht das Konzil in der Regel die Kirche unter der Leitung des Bischofs, also eine Diözese. Natürlich ist für den einzelnen Christen die Gemeinde unter der Leitung des Pfarrers der normale und unmittelbare kirchliche Lebensraum. Ja, angesichts einer Gesellschaft, in der es allenthalben immer unpersönlicher und kälter zugeht, muss uns die Beheimatung unserer Gläubigen in der Gemeinde besonders am Herzen liegen. Das ist auch für uns selber bedeutsam und hilfreich gegen Isolation, Abkapselung und Entfremdung. Der Priester braucht die Heimat seiner Gemeinde. Aber daraus darf keiner von uns folgern, er könne nun machen, was er wolle. Was soll die Parole: »Die örtlichen Interessen gehen vor«? Jede Gemeinde bleibt auf die Gemeinschaft mit dem Bischof, der Diözese und mit der Weltkirche unter dem Primat des Papstes verwiesen und angewiesen.

Würde einer sagen, er sei nur auf eine Gemeinde oder eine Gruppe hin geweiht, so liefe dies auf eine Privatisierung der universalen Sendung des priesterlichen Amtes hinaus. »Gerade heute kann kein einzelner Priester und kein einzelner Bischof sein Amt abgesondert und als Einzelner hinreichend erfüllen, sondern nur in brüderlicher Verbundenheit und Zusammenarbeit mit den andern, die denselben Dienst ausüben« (Katholischer Erwachsenenkatechismus, S. 299).

Ein einseitiges Gemeindeverständnis gefährdet unseren Dienst der Einheit und bekommt unseren Gemeinden nicht gut. Den Pfarreien ist sicher nicht damit geholfen, wenn ihnen, die sich ohnehin mühsam gegen alle möglichen auseinanderstrebenden Kräfte in Kirche und Gesellschaft anstemmen, eine Autonomie suggeriert wird, die sie von der Gesamtkirche entfremdet. Jesus wollte ja nicht ein Sammelsurium zusammenhangloser Gruppen und Gemeinden, die je für sich an einem Do-it-yourself-Christentum herumbasteln. Jesu großes Vermächtnis ist die Einheit und Einzigkeit der Kirche (vgl. Joh 17,21–23; Eph 4,2–6).

Nicht wenige klagen über eine gewisse Ohnmacht angesichts mancher deprimierender Entwicklungen in unserer Gesellschaft. Der Gegenwind weht oft heftig. Hier ist unser Vertrauen in die verändernde Kraft des Evangeliums herausgefordert. Könnte nicht gerade aus einer bewussten Einheit heraus unsere Hoffnung wieder stärker werden? [...]

Doch sollten wir künftig wohl auch wieder mehr das »Wir-Gefühl« der Christen in der Diözese stärken! Es ist doch bezeichnend, wenn sich unsere jungen Leute förmlich zu großen Begegnungen, wie zum Beispiel in den Klöstern oder zur Friedenswallfahrt nach Assisi, drängen. Sie tun das ja nicht nur, weil dort »mehr los ist« als in der eigenen Gemeinde. Nein: sie tun es, weil sie erfahren wollen, dass noch mehr dazu gehören als die relativ wenigen, die sie sonntags in den Gemeinden erleben.

Beinahe täglich stellen wir fest, wie viele Zeitgenossen allergisch reagieren, wenn sie das Wort Kirche auch nur hören. Der öffentliche Meinungsdruck ist inzwischen so stark geworden, dass da und dort auch innerhalb der Kirche (!) die falsche Formel aufgegriffen wird: »Jesus ja – Kirche nein.« Wer von uns wüsste nicht, wie bitter und zynisch gelegentlich der Ton gegen die Kirche, besonders gegen die »Amtskirche«, geworden ist und wie viele die Kirche lediglich noch als religiöses Zweckgebilde gelten lassen, das man um irgendwelcher Funktionen willen noch braucht. Dazu gehören mitunter selbst solche, die im kirchlichen Dienst stehen und von den anderen Gläubigen leben. Lassen wir uns nicht irritieren: Das In-Christus-Bleiben ist nur in der lebendigen Kirche und mit ihr möglich. Was wir sind, sind wir, weil es Christus gibt. Wer wir sind, sind wir, weil es die Kirche gibt und all das, was sie uns durch ihren Heils- und Weltdienst geschenkt und vermittelt hat. Um es so direkt wie möglich zu sagen: Um Jesu willen ist heute wieder unsere Liebe zur Kirche gefragt. Kardinal Döpfner hat dies mit wenigen Worten etwa so zusammengefasst: Wir sehen Grenzen und Erneuerungsbedürftigkeit der Kirche, gerade heute. Wir leiden darunter und arbeiten mit Leidenschaft an ihrer Neuwerdung. Doch wir stehen zu dieser Kirche und bewusst in ihr, weil sie die Kirche des menschgewordenen, erniedrigten und auferstandenen Herrn und zugleich von unserer Schwachheit gezeichnet ist.

Hier ist nicht von einem unkritischen Mitläufertum die Rede und schon gar nicht davon, wir sollten uns in diese Kirche vor der »bösen Welt« wie in eine Fluchtburg zurückziehen. Denn so würden wir nicht die Frucht bringen, die Christus von uns erwartet. »Wer immer sich berufen fühlt, der Erneuerung der Kirche zu dienen, sollte in all seinen Äußerungen keine Zweifel daran lassen, dass das wahre Antlitz der Kirche von der Freude der Erlösung geprägt ist. Über Meinungsverschiedenheiten und Auseinandersetzungen hinweg sollten sich alle Christen darin einig sein: Unsere Kirche ist Quelle der Hoffnung und Freude« (Kardinal J. Döpfner, Weggefährte in bedrängter Zeit, S. 132).

Dienst und Leben des Priesters

[...] Die Inkarnation ist für uns der »Beweis«, dass Gott die Schöpfung bejaht und sich in diese Welt einlässt. Darauf berufen wir uns, wenn wir unsere Zuwendung zur Welt, unser Engagement im öffentlichen Leben legitimieren. Doch dies bleibt einseitig, solange wir nicht auch anerkennen, dass die Inkarnation in das Geheimnis des Kreuzes mündet. In der Inkarnation beginnt jener Weg, der im Kreuz zu seinem Höhepunkt kommt.

Diese Grundaussage warnt uns davor, das Heil in einer bloß natürlichen Entwicklung der Welt und des Menschen zu suchen. Das Einüben in die Unterscheidung der Geister im Sinne von Gal 5,19–26 tut not – als Orientierung unter scheinbaren Lebenswerten, zur Klärung einer offensichtlich vorhandenen Unklarheit in Normenfragen überhaupt. So kommen wir auch dem Sinn der Evangelischen Räte, des Gehorsams, der Ehelosigkeit und der Armut näher. Macht, Liebe, Sexualität, Besitz kann der Mensch in seiner Freiheit gestalten und entfalten – leider aber auch missbrauchen, indem er ihnen hörig wird. Dann verführen sie ihn dazu, sich das Leben selbst zu verschaffen und sichern zu wollen. Eine Gesellschaft, deren Devise es ist, sich auszuleben, wird unter diesen Vorzeichen bald erfahren, dass sie so nicht weiterleben kann. »In allem ist etwas zu wenig«, heißt es bei Ingeborg Bachmann. Durch die Evangelischen Räte, auf die wir uns im Wagnis der Berufung in Freiheit eingelassen haben, bekunden wir: Diese Welt ist auf ein Mehr, auf Vollendung hin angelegt! Negativ betrachtet sind also die den Evangelischen Räten zugrunde liegenden Beweggründe deutliche Zeichen der Weltrelativierung: Die Welt ist nicht alles, ihre Gestalt vergeht – verliert euch daher nicht an sie! Dass die Evangelischen Räte durch ihre Aussagen und Inhalte jedoch positiv zu letzter Weltbejahung führen, wer könnte das übersehen? Wie viele haben dies, um nur ein Beispiel zu nennen, an der Gestalt des heiligen Franziskus wiederentdeckt!

Ich bitte Sie, liebe Mitbrüder, die Evangelischen Räte in Ihre Meditationen aufzunehmen und möchte Ihnen dazu einige Anregungen geben.

Gehorsam

Vielleicht können Sie meine Beobachtung bestätigen: So »anstößig« für viele Menschen heute der vom Priester geforderte Verzicht auf die Ehe ist und so vehement darüber diskutiert werden mag – der Gehorsam ist mindestens ebenso in Frage gestellt, wenn auch durch weniger laute Debatten.

Entscheidend für christlichen Glauben und Gehorsam ist: Von Gott empfangen wir sündige Menschen das Heil. Wie oft hat der unvergessene Bischof Johann Michael Sailer diese Worte variiert, um es jedem einzuprägen: Du bist wahrhaft geliebt, angenommen, geborgen. Dies kann ich nur glaubwürdig weitersagen, wenn in meinem Leben Konsequenzen davon sichtbar werden, wenn meinem Hören der Frohbotschaft ein Gehören, meinem Horchen ein Gehorchen entspricht. Freiheit ist ja nicht Willkür, Selbstbestimmung und Selbstverfügung. Für den Christen ist sie dankbare Selbstbindung an Gott im Namen und Geiste Jesu.

Es bleibt dabei: Vor allen Entscheidungen des Menschen für Jesus Christus steht seine Entscheidung für uns Menschen. Vor unserem Gehorsam steht sein Gehorsam bis zum Tod am Kreuz, der uns das Heil eröffnet. Das ist die Vorgabe, ohne welche der Versuch, in ihm zu sein und zu bleiben, sinnlos und jede Hoffnung auf Fruchtbringen aussichtslos wäre. Wenn wir das vergessen, »dann tritt an die Stelle der Gnade die Leistung, an die Stelle des Evangeliums das Gesetz, das Gesetz des permanenten Engagements.« (F. Kamphaus, Leidenschaft für Gott, 1981, S. 141). [...]

Weil der Vater uns mit derselben Liebe liebt, mit der er seinen Sohn liebt (vgl. Joh 15,9), gilt absoluter Gehorsam nur Gott. Die tiefste Begründung des Gehorsams ist deshalb religiös; alle anderen Motivationen kommen erst danach. Doch wie erfahren wir, was Gott von uns will? Auf vielen Wegen geschieht dies: in der Stimme unseres Gewissens, im Schrei der Elenden, im Wort der Heiligen Schrift, durch die kirchliche Autorität, in Anregungen und in Kritik aus der Gemeinde, in den »Zeichen der Zeit«...

Also auch durch die Kirche. Hier wird unser Gehorsam konkret. Zwar meinen manche, gelegentlich auch Priester, diese Autorität habe zu viel Kredit verspielt, als dass sie heute noch ernst genommen werden könne. Ein solcher Eindruck kann entstehen, wenn kirchliche Autorität vergisst, dass sie selbst unter der Autorität Jesu Christi steht, die durch nichts und niemanden zu ersetzen ist. Wird aber nicht zunehmend ein künstlicher Gegensatz zwischen Christus und kirchlicher Autorität konstruiert – einfach um so das kirchliche Amt auszuhebeln, wenn es unbequeme Forderungen stellt? Zum Beispiel: Es wird mir gelegentlich schwer gemacht, in wichtigen Entscheidungen meiner Pflicht nachzukommen, dem bonum commune der ganzen Diözese Rechnung zu tragen. Freilich traue ich Ihnen zu, dass Sie im Geist des Gehorsams differenzieren, welcher Rang und welcher Verbindlichkeitsgrad einer bestimmten Sachfrage zukommen. Doch wie soll beispielsweise eine gerechte, an den Bedürfnissen der Gemeinden orientierte Verteilung der pastoralen Mitarbeiter möglich sein, wenn es auch nur in vereinzelten Fällen an Solidarität gebricht? Ich stehe dafür ein, dass nicht ein starres Gesetzessystem in der Kirche zu funktionieren hat, sondern dass – soweit wie möglich – im Dialog mit dem zum Gehorsam Geforderten und den für eine Sache Verantwortlichen eine hilfreiche Klärung gesucht wird. Wo immer es um die Einlösung des Gehorsamsversprechens geht, muss jedoch einer auch den Mut und das Vertrauen aufbringen, eigene Erwartungen zurückzustellen. Ich spreche dies deshalb so offen aus, weil uns die pastorale Situation in dieser Hinsicht einige Probleme bescheren wird. [...]

Verkennen wir doch nicht, dass christlich motivierter Gehorsam damals wie heute unter den Menschen jene Freiheit in Gang setzt, welche die Tyrannei der »Götter« und den Terror der »Mächte und Gewalten« entlarvt. Gehorsam wird so zu einem unverzichtbaren und befreienden Dienst an den Menschen!

Ehelosigkeit

[...] Freundschaft mit Jesus Christus, das ist auch der tiefste Grund, weshalb ein Leben in Ehelosigkeit, ja insgesamt im Geist der Evangelischen Räte für den Priester so wichtig ist. Das Herz und die Hände frei haben für den Freund Jesus Christus, ungeteilt für ihn da sein und seine Liebe zu allen tragen, das ist ein Zeugnis, das nicht im ersten Augenblick von allen verstanden wird. Aber wenn wir dieses Zeugnis von innen her erfüllen, wenn wir es leben als Daseinsform der Freundschaft zu Jesus, dann wird auch das Verständnis für diese Lebensform, die im Evangelium gründet, in der Gesellschaft wieder wachsen« (Papst Johannes Paul II. am 17. 11. 1980 in Fulda).

Ich hüte mich, rein pragmatische, der Zweckmäßigkeit des Zölibats für die pastorale Arbeit dienliche Gründe ins Feld zu führen – obwohl die noch am ehesten bei den Leuten »ankommen«. Nein, um den Zölibat leben zu können, dafür ist entscheidend der Glaube, dass Christus lebt, dass er mich kennt und liebt, mich ruft und auf mich wartet; dass ich sein »Bleibt in mir ...« voll Bereitschaft höre, annehme und mit aller Leidenschaft weitergeben will. Ja, herzliche Freude über die in diese Welt eingestiftete Liebe, über den Anbruch des Reiches Gottes sollte das innere Licht unserer Lebensform sein, die wir im Vertrauen auf die Treue Gottes frei auf uns genommen haben. Solche Freude bringt Boten hervor, die zu Lebenszeichen seiner radikalen Glaubenshoffnung werden: Gott ist und kommt als der noch Größere!

Aber, so werden wir oft gefragt, was nützt diese Lebensform, was nützt das Zeichen, wenn es nicht mehr verstanden und oft in geradezu widerwärtiger Weise diffamiert oder gar gegen die Würde der Ehe ausgespielt wird? Jeder von uns weiß: Die Ehelosigkeit bringt Spannungen, gibt Lasten auf, bleibt ein Wagnis, löst Krisen aus und kostet Kämpfe; sie erregt Anstoß. Doch, so wird man hier auch fragen müssen, gilt das nicht für die ganze gläubige Existenz der Christen, heute wie zu aller Zeit? Und: disqualifiziert sich nicht ein Glaube, der jeden Anstoß ängstlich meidet und dann wohl auch nicht mehr in Bewegung setzt? Ich meine, auch darüber müssten Mitbrüder im Gespräch bleiben, vor allem dann, wenn einer sich schwertut, mit der zölibatären Lebensform zurecht- oder weiterzukommen. [...]

Armut
Hier, das gestehe ich, zögere ich, weiterzuschreiben in einer Zeit, da so oft von der reichen Kirche die Rede ist. Zwar wissen wir in allem, dass Bereitschaft zur Armut wesentlich zur Nachfolge, zum Bleiben in Christus gehört. Aber die meisten sehen auch, dass das einer unserer wunden Punkte ist. Hier berühren wir ein Hauptproblem bei der Erneuerung der Kirche und Evangelisierung der Völker. Da steht nämlich unendlich viel auf dem Spiel für uns alle: Glaubwürdigkeit, Gerechtigkeit, Frieden. Wehe uns, wenn wir die Gefahr der Verbürgerlichung nicht erkennen. Wir müssen ihr entschlossen widerstehen.

Sieht man einmal ab von den wenigen Mitbrüdern, die ganz bewusst und deutlich einen Lebensstil der Evangelischen Armut pflegen, und von den anderen Christen, die sich als Mitglieder von Orden oder Säkularinstituten, als Verheiratete oder Ledige ein Leben der Evangelischen Armut vorgenommen haben – so müssen wir uns doch von allen sagen lassen: Wir sind nicht arm, nicht als Einzelne, nicht als Gemeinden, nicht als Diözese und ebenso wenig Sie als Priester wie ich als Bischof.

Natürlich wissen wir alle um die Notwendigkeit einer »Dienenden Kirche« und einer »Kirche der Armen«. Doch solche Worte allein ändern an der Wirklichkeit nichts. Was die Armut betrifft, so müssen wir begriffliche Klarheit suchen, falsche Alternativen meiden und uns vor rigoristischen Zwängen hüten. Es gibt nach der Heiligen Schrift eine Armut, die menschenunwürdig ist und die überwunden werden muss. Andererseits gibt es Armut, die auf keinen Fall beseitigt werden darf – Armut als Offenheit; Armut, deren ganzer Reichtum Gott ist. Armut im Sinne des Evangeliums ist weder nur »innerlich« zu verstehen noch immer »materiell«, weil sich der Mensch eben nicht eindimensional festlegen lässt. (vgl. F. Kamphaus, in: Leidenschaft für Gott, 1981, S. 87 ff.)

Mit der Differenzierung haben wir zumindest eines gewonnen: Wir erkennen, wie schwierig es ist, allgemeine Verhaltensregeln aufzustellen. Ebenso sehen wir auch: Es gibt keine Ausflüchte. Armut gehört unabdingbar zum Bleiben in Christus! Bei der Diakonen- und Priesterweihe wurden wir gefragt: »Seid ihr bereit, den Armen und Kranken beizustehen, Heimatlosen und Notleidenden zu helfen?« Wir alle haben geantwortet: »Ich bin bereit.« Welche Konsequenzen löst dieses Versprechen in unserem Dienst konkret aus, bis zum täglichen Umgang mit dem eigenen oder anvertrauten Geld! Sind wir nur »grundsätzlich« für die Armen oder wirklich? Wen besuchen wir? Wie gehen wir mit den Armen um? Wer gilt für uns als asozial? Wer sind unsere Gäste? Wie »heilig« sind uns die Dinge, die wir besitzen? Was »leisten« wir uns? [...]

In einem »Utopischen Orientierungsversuch« zeichnete Professor Schürmann bei Priesterexerzitien das Bild von Priestern der

Zukunft unter anderem so: »Heute geht ein weltweiter Ruf nach dem »vereinfachten Leben« um den Erdball – und wahrscheinlich ist er der letzte Anruf Gottes, der die Menschheit vor weltweiter Katastrophe bewahren kann. Die Solidarisierung in Lebensstil und Lebensart wird für uns Presbyter immer dringlicher eine Aufgabe – und weithin zwingen uns ja die Umstände schon dazu. Wir wollen uns beileibe keine heroische Armut wünschen, aber vielleicht doch die Gnade schlichter Solidarität.« (Die Mitte des Lebens finden, 1979, S. 111 und 113) [...]

Unsere Existenz ist verdanktes Leben. Verfälschen wir's nicht durch einen verfügenden, durch Haben und Habenwollen verdorbenen Umgang mit Werten und Dingen! Alles soll Rückerstattung sein, Rückgabe, freie Antwort auf die sich selber drangebende Liebe des guten Gottes.

Unser Dienst steht unter Jesu Verheißungen

»Bleibt in mir, dann bleibe ich in euch. Wie die Rebe aus sich keine Frucht bringen kann, sondern nur am Weinstock bleibt, so könnt auch ihr keine Frucht bringen, wenn ihr nicht in mir bleibt« (Joh 15,4).

Ich habe mit Ihnen, liebe Brüder, darüber nachzusinnen versucht, welche Beziehung Christus hier zwischen sich und uns stiftet und wie er uns mit dieser Aufforderung hineinnimmt in den Reichtum des Dreifaltigen Gottes. Davon können und damit dürfen wir wirklich leben!

Wir wissen, dass der Herr nur wenige Sätze später ausspricht, wir seien nicht seine Knechte, sondern seine Freunde (vgl. Joh 15,15). Welche Sicherheit und Gelassenheit müssten uns aus solcher Zusage erwachsen! Eine Gelassenheit, die uns Mut macht, bei unserem Dienst in ruhiger Besonnenheit zu fragen: Was ist jetzt unbedingt nötig, was ist nur wünschenswert? Was kann ich getrost Gott und anderen überlassen? Nerventötende Hektik, die uns gelegentlich oder gar dauernd von Belanglosigkeit zu Belanglosigkeit jagt, würde so nicht aufkommen, denn die Gelassenheit wurzelt in jener Freiheit und Freude, von denen ich im Zusammenhang mit den Evangelischen Räten zu sprechen versuchte.

Hier taucht wieder die Frage nach den Prioritäten in der Pastoral auf. Nichts hat den Vorrang vor den kirchlichen Grunddiensten martyria, liturgia und diakonia. Die wichtigsten pastoralen Lebensfelder, in denen sie vollzogen werden müssen, hat unsere Synode erläutert. Bitte prüfen Sie, zusammen mit Ihren Mitarbeitern und auch mit Ihrem Kirchengemeinderat, welche Schritte Sie schon getan haben und was weiter fällig ist. Schieben Sie weder Anordnungen noch Empfehlungen auf die lange Bank.

Freilich rechnen wir in unserer Seelsorge auch nüchtern mit Rückschlägen und Misserfolgen. Sie gehören zu uns – und zum Kreuzweg. Im Evangelium steht nicht, dass die Jünger sich von früh bis spät glücklich und wohlfühlen werden. Auch bei Jesus selbst war das nicht der Fall. […]

Wir jedenfalls sind nicht dazu bestellt, den Jammer der Menschen durch Selbstbemitleidung noch zu mehren. Wir sollen sie vielmehr durch Beispiel und Wort ermutigen und trösten. Wenn bei Umfragen von vielen das Wort »Trösten« in enge Verbindung zum Wort Seelsorger gebracht wird, so heißt das doch: Da liegen Erwartungen und wir sind kraft des Heiligen Geistes imstande, sie wenigstens anfanghaft zu erfüllen! Seien wir dafür dankbar und halten wir fest an dem ganz mit den großen eschatologischen Verheißungen Jesu übereinstimmenden Apostelwort: » … und denkt daran, dass im Herrn eure Mühe nicht vergeblich ist« (1 Kor 15,58).

Niemand von uns hat das Recht oder die Pflicht, Gott Leistungsbilanzen vorzulegen. Aber es braucht keiner von uns ernsthaft zu befürchten, womöglich sei alles umsonst gewesen, was er im Lauf von Jahren und Jahrzehnten gebetet und gewirkt hat. Sicherlich bedürfen wir alle der Vergebung. Doch seien wir auch dankbar dafür, dass das Gute in unserer Arbeit gedeihen konnte, weil es auf dem Mutterboden der Kirche und ihrer Gemeinden wuchs, in der Gemeinschaft und unter der Mitwirkung vieler Menschen guten Willens – von Priestern und Laien. Diese bewegende Erfahrung hat mich in meinem Amt als Bischof gerade auch bei Begegnungen mit Ihnen so oft und oft gestärkt.

Halten wir die Erinnerung an das erfahrene Gute fest! Nicht um uns nachträglich daran zu berauschen und so die Flucht in die Vergangenheit anzutreten. Nein: Wer das Gute in sich und anderen nicht bejaht, der hofft nicht! Doch wem ist es mehr zugetraut und geschenkt, Hoffnung weiterzugeben, als dem Mittler des Evangeliums und der Heilszeichen der Erlösung! Dies ist auch in dunkelsten Stunden eine Sinn-Erhellung unseres Lebens. Kommen wir täglich zu dem unsagbar Guten, um seine Nähe in uns und in der Welt neu aufzunehmen: »Tut dies zu meinem Gedächtnis.« Welch einzigartiger Reichtum unserer Hoffnung! Möge sie in keinem von uns je versiegen. [...]

Bischof +Georg
Rottenburg am Neckar, 19. März 1988
dem vierzigsten Jahrestag meiner Priesterweihe

Entwurf einer Predigt zum Tag der Pfarramtssekretärinnen in Rottenburg am 9. September 1982

Für viele erscheint Kirche lediglich als ein großer, unüberschaubarer Apparat, als ein riesiges Dienstleistungsunternehmen, das man ein paarmal in seinem Leben in Anspruch nehmen kann, bei Taufen, Trauungen und Beerdigungen etc. Sie erleben Kirche wie jede andere Behörde, unpersönlich und anonym, mit manchem Leerlauf, mancher hektischer Betriebsamkeit. Und wenn Sie sich ehrlich fragen, liebe Sekretärinnen in unseren Pfarrämtern und -büros, vielleicht erfahren auch Sie Kirche manchmal so, zwischen Telefon und Schreibmaschine, Formularen und Stempeln und vielem, vielem Papier.

Kirche lebt aus der Gemeinschaft mit Christus. Diese Gemeinschaft ist weit mehr als unverbindliche Sympathie. Es geht nicht nur um eine Art Weltanschauung, die wir interessant finden. Es geht auch nicht um zeitweilige Frömmigkeitsübungen, die wir brav ableisten. Nein: So wie es die Reben überhaupt nur gibt, weil sie der Lebenssaft des Weinstocks durchfließt, so lebt Kirche, so leben unsere Gemeinden, so leben auch wir als Christen nur, weil Christus in uns lebt. Sein Wort ist Wort des Lebens, und seine Sakramente sind seine Zeichen des Heils für uns.

Kirche lebt in der Gemeinschaft untereinander

Wir bleiben im Lebensstrom des Herrn, wenn – wie es im Evangelium geheißen hat – seine Worte in uns bleiben (vgl. Joh 15,7). »Das ist mein Gebot«, so sagt er uns: »Liebt einander, so wie ich euch geliebt habe« (Joh 5,12). Christi Liebe zu uns soll die Liebe zueinander wecken. Die Gemeinschaft mit ihm will Gemeinschaft untereinander stiften. Wie die Reben zusammengehören, weil sie an demselben Weinstock hängen, so gehören auch wir zusammen, weil wir einen gemeinsamen Vater im Himmel haben und einen gemeinsamen Herrn Jesus Christus, unseren Erlöser.

Pfarramtssekretärinnen: unentbehrlich im Dienst an der Gemeinschaft

Aus unseren Gemeinden sind die Pfarrbüros nicht mehr wegzudenken und damit auch Sie, liebe Pfarramtssekretärinnen. In Ihrem Büro begegnet man der Kirche, mancher erlebt sie hier vielleicht zum ersten Mal. Ob er dann »Hymnen an die Kirche« singt, entscheiden Sie wesentlich mit. Sie sind so etwas wie das Schaufenster der Gemeinde, die geschminkten Lippen der Pfarrei. Für diesen täglichen Dienst, für Ihre Zuverlässigkeit und Treue, für Ihren Einsatz danke ich Ihnen von Herzen. Und ich freue mich sehr, dass Sie zu diesem Gemeinschaftstag hierher nach Rottenburg gekommen sind.

Ihr Dienst ist ein Dienst an der Gemeinschaft der Kirche in Ihrer konkreten Gemeinde. Ob die Pfarrei ein anonymes Nebeneinander lebt oder ein vielfältiges Miteinander, das hängt wesentlich auch von Ihnen ab: Sie müssen es schaffen, hinter dem Klingeln des Telefons den Menschen zu sehen, der sich in seinem Anliegen an Sie wendet. Sie müssen inmitten der Papiere und der Formulare die Schicksale der Menschen entdecken, die davon betroffen und daran beteiligt sind. Kein Fall ist wie der andere. Es gibt gar keine menschlichen Fälle. Wer Ihre Tür öffnet und seinen Sohn zur Taufe anmeldet; die beiden, die ihr Aufgebot bestellen; der Ratlose, der ein Gespräch mit dem Pfarrer will, ob da Menschlichkeit regiert oder die gnadenlose Routine, das bestimmen Sie wesentlich mit.

Ihr Beitrag ist unersetzlich, da brauchen Sie nach außen gar nicht sonderlich in Erscheinung zu treten. Ich selbst weiß, wie wesentlich eine gute Sekretärin ist. Keiner soll organisatorische Dienste unterschätzen. Leben braucht Formen, Strukturen wie der Fluss sein Bett. Sonst droht ständig die Gefahr, dass alles auseinanderläuft und zerfließt. – Sie tun Ihre Arbeit an der Seite des Pfarrers, vielfach stellvertretend für ihn.

Entwurf einer Predigt zum Kongress der katholischen Kindergärten, Tagheime und Horte in der Diözese Rottenburg-Stuttgart in Böblingen am 20. 10. 1982

Jesus: »Lasst die Kinder zu mir kommen!« (Mk 10,14)

Religion ist nicht nur etwas für kritisch denkende Erwachsene, für reife, entscheidungsfähige Menschen. Gottes Güte und Menschenfreundlichkeit gilt allen, sie kennt keine Grenzen des Volkes, des Berufes, des Ansehens – auch keine Grenzen des Alters. Selbst den Jüngern Jesu war das nicht so ganz klar. Sie meinten – so hat man den Eindruck –, es gäbe Wichtigeres zu tun, als sich gerade mit Kindern abzugeben. Sie waren wohl der Ansicht, der Ernst ihrer Sendung und die Größe ihrer Aufgabe ließen es nicht zu, kostbare Zeit mit Kindern zu ver-plaudern und zu ver-spielen. Als die Leute ihre Kinder jedenfalls zu Jesus brachten, hielten die Jünger dies für eine lästige und höchst überflüssige Sache. Doch Jesus selbst belehrt sie eindrucksvoll eines Besseren. Energisch verschafft er den Kindern Zutritt zu sich: »Er wurde unwillig«, heißt es im Markusevangelium, »und sagte zu ihnen: Lasst die Kinder zu mir kommen; hindert sie nicht daran! Denn Menschen wie ihnen gehört das Reich Gottes. Und er nahm die Kinder in seine Arme; dann legte er ihnen die Hände auf und segnete sie« (Mk 10,14.16).

So schroff wie die Jünger versuchen, die Eltern mit ihren Kindern abzuweisen, so schroff geht Jesus nun mit seinen Jüngern um. Für ihn besteht gar kein Zweifel, dass die Kinder in seine Nähe gehören. Ja, er macht diesen gestandenen Männern sogar klar, dass sie eigentlich von diesen Kindern vieles lernen könnten. Denn »Menschen wie ihnen gehört das Reich Gottes« (Mk 10,14).

Religiöse Erziehung: Vermittlung der Freude des Angenommenseins

Jesus will Kinder in seiner Nähe haben. Doch braucht es Menschen, die sie zu ihm bringen; Menschen, die selber den Weg zu Jesus gegangen sind, die diesen Weg kennen und darum auch andere auf ihm begleiten können. Jesus nimmt die Kinder in seine Arme. Er hat ihnen offenbar keine Predigt gehalten, vielleicht hat er ihnen eine Geschichte erzählt, ein Gleichnis von der Liebe seines Vaters. Jedenfalls zeigt er ihnen seine Zuwendung und Liebe, Kinder verstehen solche Verkündigung ohne viele Worte. Und wir dürfen annehmen, dass sie sich in der Nähe Jesu wohlgefühlt haben.

Religiöse Erziehung bedeutet: mit diesem Jesus vertraut machen, zur Freundschaft mit ihm hinführen. Es gilt, den Kindern die Freude zu vermitteln, die der Erfahrung des Angenommenseins entspringt; oder, in den Worten des heutigen Evangeliums: zu lieben, wie Jesus uns geliebt hat, damit seine Freude in uns ist und unsere Freude vollkommen wird (vgl. Joh 15,11–12). Wir wissen alle, und Sie erleben es tagtäglich, wie wichtig diese Erfahrung, angenommen zu sein, bejaht und geliebt zu werden, für ein Kind ist und für seine gesunde seelische Entwicklung. Die Liebesfähigkeit will geweckt werden; Vertrauen entsteht nicht von allein: Vertrauen in die Welt, in die Menschen, in die Zukunft.

Kinder mit Jesus vertraut zu machen, geht über die Liebe zu ihnen

Damit folgen wir seinem Gebot: »Liebt einander, so wie ich euch geliebt habe« (Joh 15,12). Sie werden aber auch mit den Kindern Feste feiern, Sie werden biblische Geschichten erzählen, Sie werden Bilder zeigen. Unterschätzen Sie Ihren Einfluss nicht, seien Sie sich Ihrer Verantwortung deshalb bewusst! Ich habe vor kurzem in Südafrika mit einem Künstler gesprochen, der mir sagte: Alle seine

Bilder, die er heute male, seien einzig entstanden aus den Bildern, die er einst als Kind gesehen habe. Sie vermitteln Bleibendes.

Mit Jesus vertraut – mit Jesus vertraut machen

Religiöse Erziehung im Kindergarten ist kein pädagogischer Trick, um Kindern jenes Urvertrauen zu vermitteln, von dem die Psychologen so eindringlich reden und ohne das der Mensch offenbar nicht sinnvoll leben kann. Religion ist kein bloßes Mittel, sie bezeugt den Grund des Vertrauens; sie verkündet: Vertrauen ist nicht nur notwendig, es ist auch berechtigt im Blick auf Gottes Treue. – Religiöse Erziehung im Kindergarten ist zum Zweiten auch kein kirchensoziologischer Trick, über den eine religiöse Großorganisation eventuelle Nachwuchsprobleme vermeidet. Nein: Wir sind überzeugt, dass der Glaube ein gelingendes Leben ermöglicht und wir ihn deshalb den Kindern nicht vorenthalten dürfen. Und wir folgen damit dem Auftrag Jesu selbst und lassen die Kinder zu ihm kommen (vgl. Mk 10,14).

Kinder mit Jesus vertraut zu machen, glückt in dem Maße, als wir selbst mit Jesus vertraut sind und aus der Freundschaft mit ihm leben. Lassen Sie mich deshalb Johann Michael Sailer zu Wort bringen und zwar was er einem angehenden Erzieher geraten hat: »Sei erst selbst und sei erst ganz, was durch dich andere werden sollen: voll Glauben an Gott, voll Vertrauen auf Gott, voll Liebe zu Gott.« – »Sei gut, um gut zu machen!«

Entwurf einer Predigtskizze zum Gottesdienst mit Pastoralassistenten im Priesterseminar Rottenburg am 18. 3. 1983

Josef war der Lieblingsheilige von Johannes XXIII. Unter seinem Pontifikat kam er in den Kanon der heiligen Messe; im Hochgebet I hat er die Liturgiereform des Zweiten Vaticanums heil überstanden. Besonderer Patron des Konzils wurde er auch: Josef, der heilige Zimmermann aus Nazaret.

Josef gehört ein wenig zu den Zu-kurz-Gekommenen. Was bedeutet uns dieser Mann? Zu Weihnachten ist er so unentbehrlich wie Ochs und Esel. Doch darüber hinaus? Wir sollten nicht zu schnell ablenken, sondern lieber etwas nachdenken.

Was uns die Schrift von Josef weiß

Was weiß uns die Bibel über ihn zu sagen? Viel ist es nicht und daher rasch aufgezählt: Josef gehört zum Stamm Davids. Er ist Zimmermann von Beruf, verlobt mit einem jungen Mädchen namens Maria. Noch bevor er seine Verlobte heimführen kann, zeigt sich, dass sie schwanger ist. Josef zögert, dann nimmt er – offenbar aufgrund einer göttlichen Eingebung – seine Verlobte zur Frau und übernimmt damit gleichzeitig die Sorge für ihr Kind, obwohl es nicht das eigene ist. Diese Vaterrolle für Jesus scheint er sehr ernst genommen zu haben. Insgesamt, so könnte man sagen, »das Portrait eines tüchtigen, entschlossenen, auch schwierigen Aufgaben durchaus gewachsenen Familienvaters, bei dem die Seinen gut aufgehoben sind, sich geborgen wissen und ihr Auskommen haben« (Otto B. Roegele).

Was können wir uns von Josef sagen lassen? Drei Dinge:

Erstens: Er machte statt Worte Nägel mit Köpfen

Josef machte keine großen Worte, aber Nägel mit Köpfen. Kein Wort von ihm haben die Evangelien aufgezeichnet. Doch wo es um Entscheidungen geht, wo Jesus in Gefahr ist, wo es etwas zu tun gibt, tritt Josef auf: Er glaubt dem Engel und nimmt Maria auf mit ihrem Kind; der anstrengende Marsch zur Volkszählung nach Betlehem, die vergebliche Suche nach einer Unterkunft; schließlich die Strapazen einer Flucht nach Ägypten, die nichts an sich haben von der Palmen-Idylle der »Ruhe auf der Flucht«, wie wir sie von Miniaturen her kennen.

Kein Wort ist uns von Josef überliefert, doch spricht sein Leben eine deutliche Sprache. Die Schrift kennzeichnet ihn mit dem Wort »gerecht«. »Gerecht« meint nicht naiv, gutgläubig, gutmütig, so nach dem Motto: »Mit dem kann man's ja machen!« Auf dem Hintergrund des damaligen Judentums bedeutet gerecht sein: in jeder Beziehung das sein und leisten, was man mit Recht von dem betreffenden Menschen erwarten kann – Gott gegenüber und im Verhältnis zu den Mitmenschen. Wer gerecht ist, erfüllt den Willen Gottes, wie er durch Gottes Gebot und Wort in immer wechselnden Situationen des Lebens sich kundtut. Die Heilige Schrift geht sehr sparsam um mit diesem Beiwort, wenn es sich um einen Menschen handelt. Die Rabbinen wussten und sprachen davon, wie selten man einen Menschen wirklich gerecht nennen dürfe. Ganze geistige Bewegungen, wie die Pharisäer und die Gemeinde von Qumran, hatten kein anderes Ziel, als sich dieses Prädikat in einem auf Gott bezogenen Leben zu erwerben.

Josef, der wenige Worte macht, der Gerechte, könnte ein Korrektiv sein für uns, auch in unserer Verkündigung. Wir erleben eine Wortinflation und sind selber daran beteiligt; wir ertrinken in einer Papierflut und können sie kaum stoppen. Strukturen, Organisationen, Geld, Mittel, Papier, Worte, Medien haben wir genug und machen wir genug. Was wir brauchen, sind Menschen, zugleich nüchtern und begeisterungsfähig, mit brüderlicher Rücksichtnahme und prophetischem Mut; Menschen, die aus Gott und dem Glauben leben; Menschen, für die Gott nicht eine Idee ist, sondern eine Wirklichkeit, wie der Arbeiterpriester Jaques Loew sagt.

Zweitens: Josef – der Mann im Schatten

Josef steht im Schatten eines großen Heilsgeschehens. Er lebt ganz im Dienst an Jesus und seiner Mutter. Er bleibt im Hintergrund. Kleine Schritte, geduldige Arbeit und Mühe, unscheinbare Werke, verschwiegenes Opfern und Verzichten sind es, die Josef groß gemacht haben. »Die große Liebe erkennt man nicht an ihrer Stärke, sondern an ihrer Dauer.« (Robert Poulet)

Auch wir sprechen immer und gern vom pastoralen Dienst. Dienen heißt, fremdem Leben dienen, und zwar in selbstloser Weise; heißt, von sich selbst abzusehen und sich an die Menschen zu verschenken; heißt zuhören, verstehen, beten und handeln. Dienen darf uns etwas kosten, darf uns weh tun: »Lieben, bis es weh tut« (Mutter Teresa). So wie Josef durch sein Arbeiten und Dienen Jesus nahe war, so soll auch unser Tun und Handeln ein Dienen sein, ein Dienen an unseren Mitmenschen, die uns umgeben, ein Helfen, Beraten, Ermuntern an den Armen, Suchenden, Fragenden und Hilfebedürftigen.

Drittens: Er träumt den Willen Gottes

Josef träumt, doch ist er kein Träumer; er träumt den Willen Gottes, er hört auf die innere Stimme seines Gewissens. Drei Träume überliefert Matthäus: »Josef, Sohn Davids, fürchte dich nicht, Maria als deine Frau zu dir zu nehmen; denn das Kind, das sie erwartet, ist vom Heiligen Geist« (Mt 1,20; vgl. Evgl.!). Dann schickt ihn der Engel Gottes im Traum nach Ägypten und holt ihn wieder von dort zurück.

Wovon träumen wir nicht alles! Josef lebt uns die Einheit von Hören – Glauben – Gehorchen vor. Was Josef zweimal hört, dürfen ruhig auch wir uns sagen lassen: »Steh auf, nimm das Kind und seine Mutter!« (Mt 2,13.20)

»Haltet fest am Wort des Lebens«

Der Bischof – tief verwurzelt im Glauben

In seinen Predigten und Vorträgen ermutigte Bischof Moser die Menschen, ihren Glauben miteinander zu entdecken, zu feiern und im Alltag zu bezeugen. Die folgende Auswahl an Texten lässt erspüren, mit welchem Eifer und mit welcher Freude Bischof Moser den Menschen die Frohe Botschaft von der Liebe Gottes erschlossen hat; z. B. beim Diözesan-Kirchenmusiktag oder beim Tag der Heimatvertriebenen. »Heimat finden« oder bei »Gott zu Hause sein«, waren häufig benutzte Metaphern, mit denen Bischof Moser die Menschen auf ihrem oft beschwerlichen Lebens- und Glaubensweg ermutigen wollte. »Wir brauchen festen Boden unter den Füßen. Wir brauchen einen Himmel über uns, von dem wir wissen: Da liegt unser Ziel, dort finden wir die große Geborgenheit in der Liebe Gottes«; sagte er bei der Diözesanwallfahrt (19. 8. 1978) auf dem Bernhardusberg bei Schwäbisch-Gmünd. Dass Bischof Moser die Sehnsüchte der Menschen erspüren und ihnen eine Spur zum Ziel ihres Lebens aufzeigen konnte, war eines seiner Charismen.

»Haltet fest am Wort des Lebens«, so hat er einen seiner Fastenhirtenbriefe überschrieben, mit dem er die Gemeinden und die pastoralen Mitarbeiterinnen und -mitarbeiter ermahnte, »Maß zu nehmen am Wort Gottes«. Den älteren Mitchristen schrieb er einen sehr einfühlsamen und persönlich gehaltenen Brief: »Wir haben Zukunft – auch im Alter« – ein Brief, der in seiner tiefen Menschlichkeit und Sensibilität für die Sorgen und Hoffnungen der alten Menschen unübertroffen ist. Ein sehr persönliches Glaubenszeugnis von Bischof Georg Moser!

Wer die hier ausgewählten Texte im Lichte der heutigen gesellschaftlichen Situation und der Herausforderungen für unsere Kirche liest, wird überrascht sein: Viele Aussagen und Mahnungen von Bischof Moser scheinen wie in die heutige Situation hinein gesprochen zu sein. Er hat manche Entwicklungen und Gefährdungen für das Leben der Menschen frühzeitig erkannt und auf die bevorstehenden Aufgaben für die Frauen und Männer in den kirchlichen Diensten hingewiesen.

Gerhard Rauscher

»Singt Gott in eurem Herzen«

Predigt bei den Diözesankirchenmusiktagen in
Ulm-Wiblingen am 11. Juni 1978 (gekürzt)

Im Rahmen der Jubiläumsveranstaltungen »150 Jahre Diözese Rot-
tenburg-Stuttgart 1828–1978« fanden in Ulm Kirchenmusiktage
statt. Im Wortgottesdienst in Ulm-Wiblingen betonte Bischof Dr.
Georg Moser die tiefgreifende Bedeutung der Kirchenmusik für die
Liturgie. Auch die Nachfolger im Bischofsamt haben die Kirchen-
musik auf diözesaner Ebene und in den Kirchengemeinden geför-
dert, was sich bis heute in der Diözese segensreich auswirkt, z. B. in
der großen Zahl an Kinder- und Jugendchören. Die Bischof-Moser-
Stiftung trägt im Rahmen ihrer Satzungszwecke dazu bei, dass
begabte junge Menschen das Orgelspiel erlernen können, damit
auch in Zukunft die Orgel im Gottesdienst ertönt.

Johann Sebastian Bach, der Großmeister der Kantate, hat für alles
musikalische Schaffen den Leitspruch ausgegeben: »Zu Gottes
Ehre und Recreation des Gemüts. Wo dieses nicht in Acht genommen wird, da ist's keine eigentliche Musik, sondern ein teuflisches
Geplärr und Geleier.«

»Recreation des Gemüts«

Mit Recreation des Gemüts ist keineswegs eine oberflächliche
Erholung des Gefühlslebens gemeint, vielmehr eine wahrhafte re-
creatio, eine Neuschaffung des ganzen Menschen. ›Gemüt‹ wurde
zu Bachs Zeiten noch im Wechsel mit dem Begriff ›Herz‹ verwen-
det, wobei Herz die Personmitte bezeichnet. Durch die Recreation
des Gemüts wird der ganze Mensch wieder in Ordnung gebracht,
und dabei hat die Musik seit eh und je eine wichtige Rolle gespielt.
Der Mensch singt vor Freude, und er singt in der Bedrängnis. Aus
dem Erlebnis von Geburt und Tod, aus leidvollen und beglücken-

den Erfahrungen wächst die Musik. Durch sie sucht der Mensch erneut in Einklang zu kommen mit sich selbst.

Auf die alte Katechismusfrage »Wozu sind wir auf Erden?« hat einmal ein Kind geantwortet: »Um zu singen!« Welche Wahrheit tut sich da kund! Immer schon drückte sich das menschliche Sein auch musikalisch aus, und dadurch hat es eine neue Dichte bekommen. [...]

Freiheit mitten in der Trübsal

Vor einigen Jahren ging das Stück *Anatevka* mit einem Riesenerfolg über die Bühnen. Der Milchmann Tewje und seine jüdische Gemeinde im ukrainischen Dorf Anatevka sind von schwerem Schicksal bedrückt: Hohe Steuern lasten auf ihnen; ihre Söhne müssen fremden Herren Kriegsdienste leisten; sie werden verfolgt und verleumdet. Dennoch tanzt diese kleine Gemeinde der Verfolgten und singt »des Herren Lied«. Täuschen sie sich damit nur über ihre schlimme Lage hinweg? Betäuben sie ihren Jammer ein wenig mit schönen Klängen? Oder gibt es das wirklich: Freiheit inmitten der Sklaverei, Freude mitten im Leid und Fröhlichkeit mitten in der Mühsal?

Der religiöse Mensch weiß, dass er keinem Trug erliegt, wenn er singt. Er weiß, dass er mit seiner Klage und seinem Hilferuf, mit seinem Jubel und seinem Lobpreis vor Gott treten darf und bei ihm Gehör findet. Die Recreation des Gemüts, die er letztlich nicht selbst herbeiführen kann, kommt im Gesang gnadenhaft auf ihn zu. In dieser Gewissheit gibt sich der gläubige Mensch dem Gesang hin. Im Klagelied möchte er den Himmel aufreißen und das Herz des Vaters bewegen. Und wenn er Gottes Liebe erfahren hat, antwortet er beglückt mit der Danksagung. Die alttestamentlichen Psalmen legen davon ein unvergängliches Zeugnis ab. In ihnen vernehmen wir den zu Musik gewordenen Urschrei des gläubigen Menschen: »Aus der Tiefe rufe ich, Herr, zu dir: Herr, höre meine Stimme! Wende dein Ohr mir zu, achte auf mein lautes Flehen!«

(Ps 130,1–2). Ebenso aber vernehmen wir hier das Dankesbekennt-
nis: »Singt ihm ein neues Lied, greift voll in die Saiten und jubelt
laut! Denn das Wort des Herrn ist wahrhaftig, all sein Tun ist ver-
lässlich« (Ps 33,3–4).

Christliche Gemeinde – singende Gemeinde

Auch die christliche Gemeinde war von Anfang an eine singende
Gemeinde. Wem Gottes Menschenfreundlichkeit in Jesus Christus
begegnet, der kann auf diese befreiende Erfahrung nicht anders als
im Überschwang antworten. Eine Kirche, deren Lieder schwiegen,
wäre arm an Glaubensfreude und Glaubenskraft. So ist es kein
Zufall, dass Hymnen das Neue Testament durchziehen. Im
Kolosserbrief fordert Paulus eindringlich zum gottesdienstlichen
Singen auf: »Singt Gott in eurem Herzen Psalmen, Hymnen
und Lieder, denn ihr seid in Gottes Gnade« (Kol 3,16). Zum christlichen Leben gehört unbedingt das Jubeln der Erlösten, sodass der
Apostel Johannes sich das Leben in der Vollendung ohne Lied nicht
vorstellen kann. Die Offenbarung berichtet von den Heiligen: »Sie
singen ein neues Lied« (Offb 5,9). Vor dem Throne Gottes stimmen
die Erwählten das ewige Loblied der Liebe an. In gläubiger Sicht
erhält somit die Musik, zumal die kirchliche Musik, noch eine viel
weitere Dimension als nur die Recreation des menschlichen
Gemüts.

Musik zur Ehre Gottes

[...] Letzter Sinn der Schöpfung ist es, Gott die Ehre zu geben. So
heißt es im Psalm: »Der Himmel freue sich, die Erde frohlocke, es
brause das Meer und alles, was es erfüllt!« (Ps 96,11). Und was für
die Schöpfung gilt, das gilt im Besonderen für den Menschen. Sein
höchstes Tun ist es, Gottes Herrlichkeit zu besingen. Als freie
Menschen sollen wir den Hymnus der Schöpfung mit geistbegna-

detem Gesang verbinden und den Lobpreis zum Urheber und Erlöser aufsteigen lassen.

Es ist demnach nicht verwunderlich, dass das Zweite Vatikanische Konzil in seiner Konstitution über die heilige Liturgie der Kirchenmusik ein ausführliches Kapitel gewidmet hat. Da lesen wir: »Die überlieferte Musik der Gesamtkirche stellt einen Reichtum von unschätzbarem Wert dar, ausgezeichnet unter allen übrigen künstlerischen Ausdrucksformen vor allem deshalb, weil sie als der mit dem Wort verbundene gottesdienstliche Gesang einen notwendigen und integrierenden Bestandteil der feierlichen Liturgie ausmacht« (Nr. 112). [...]

Zeitgerechte künstlerische Formen

Jede Zeit darf und soll dem Gotteslob jeweils eigene künstlerische Formen verleihen. Darum bin ich dankbar, dass wir bei diesem Kirchenmusiktag im Jubiläumsjahr unserer Diözese die Uraufführung der *Wort-Gottes-Kantate* von Bernhard Krol erleben dürfen. Sie ist nicht das erste kirchenmusikalische Opus dieses Musikers und Komponisten. Viele kennen Krol von früheren Werken her. Nun hat er eigens für dieses Fest eine Kantate geschaffen, die sich ausgezeichnet für die feierliche Gestaltung eines Wortgottesdienstes eignet. Thematisch kreist sie um das Motiv ›Wort Gottes‹ und die Komposition berücksichtigt in gebührender Weise die aktive Beteiligung der Gemeinde. [...]

Und ich hoffe, dass Sie alle aus dieser Stunde mit neuer Liebe und neuer Begeisterung für die Kirchenmusik in Ihre Gemeinden heimkehren und dort dazu beitragen, dass »zu Gottes Ehre und Recreation des Gemüts« gesungen, gespielt und gefeiert wird. Gerade Ihr Spiel und Ihr Gesang sind, wie gesagt, immer viel mehr als eine Verzierung. In Kathedralen und Dorfkirchen ist und bleibt die musica sacra unersetzlich. Die geistliche Musik rührt an die Tiefen des Menschen, schließt Ohren und Herzen für Gottes Wort auf und antwortet in Jubelklängen auf Gottes Liebe.

Tradition leben – Glauben lebendig werden lassen

Vortrag beim Oberschwabentag in Ravensburg am
27. August 1978 (gekürzt)

An seinem Krönungstag gab der gütige Papst Johannes XXIII. seinen Landsleuten aus Bergamo einen Empfang. Dabei erzählte er eine Begebenheit, die wir dieser Besinnung zur Jubiläumsfeier unserer Diözese hier in Ravensburg voranstellen dürfen. Im Gespräch mit seinen Landsleuten erwähnte Johannes XXIII. mit großer Dankbarkeit seinen Vater, der ihn schon als Kind zu kirchlichen Festen mitgenommen habe. Er sagte: »Damals trug mich mein Vater auf den Schultern, heute Morgen haben mich die Gläubigen auf den Schultern in die Vatikanische Basilika getragen. Siebzig Jahre liegen zwischen beiden Ereignissen. Die Aufgabe ist schwer, der arme Sohn eines bescheidenen Landarbeiters muss das schwere Joch des Pontifikats tragen. Aber er tut es mit dem alten Glauben, mit den alten Prinzipien, die das Fundament des christlichen Lebens bilden.«

Von Generation zu Generation

»Damals trug mich mein Vater auf den Schultern«, oder: »Damals führte mich meine Mutter an der Hand und lehrte mich die Hände falten«, so können auch die meisten von uns sagen. Und die Kinder, die Sie heute mitgebracht haben, werden in späteren Jahrzehnten ebenso berichten, wenn man sie nach ihren ersten religiösen Erfahrungen fragt. Wir sind nicht von uns aus zum Glauben gekommen; in der Regel kamen wir dazu auf dem Weg der Tradition. Und wie hätte es anders geschehen sollen? Es gibt keinen Fortgang des christlichen Glaubens ohne den Vorgang der Überlieferung von Generation zu Generation. So wie ein Kind sprechen, lesen und schreiben lernt im Umgang mit anderen, so wird es auch von anderen – und zuerst wohl von seinen Eltern – in den Glauben eingeführt. Und wir wissen, wie sehr dieser Anfang sich in unserem ganzen Leben als dauerhaft erweist. Es ist ja erstaunlich – und die Männer, die den Krieg durchgemacht haben, können es vermutlich bestätigen –, wie viele Menschen in Krisenzeiten fast instinktiv auf die religiösen Formen ihrer Kindheit zurückgreifen. Wenn es im Leben einmal hart auf hart geht, dann fallen den Bedrängten oft nur die früh erlernten Gebete ein.

Einige Besserwisser mögen darüber lächeln. Es steckt aber etwas sehr Wichtiges dahinter: die Erkenntnis, dass wir nicht in der Stunde Null anfangen. Wir leben aus Wurzeln. Wir sind verwurzelt in der Geschichte. Wir stehen auf den Schultern unserer Vorfahren, wie der kleine Angelo Roncalli auf den Schultern seines Vaters stand. Wir sind verankert in einer langen Tradition. Und gerade in diesem Jubiläumsjahr unserer Diözese wollen wir uns neu darauf besinnen, dass wir Geschichte erfahren durften. Wir rufen uns das nicht ins Bewusstsein, weil wir nichts Besseres zu tun hätten; wir machen es uns bewusst, weil wir nichts Besseres tun können, als unseren Wurzelboden zu erkennen. [...]

Von welcher Bedeutung die Wurzeln im Leben der Natur sind, das ging mir in einem Urlaub überwältigend auf, als ich durch einen Förster von der riesigen Ausdehnung des ›unterirdischen Waldes‹ erfuhr. Bei Messungen in den Karpaten ergab sich, dass dort in einem tonreichen Boden eine achtzigjährige Fichte eine Gesamtwurzellänge von vier Kilometern hatte, eine zweiundsiebzigjährige Buche sogar von dreiundzwanzig Kilometern. Übertragen auf uns Menschen: Wer könnte die Wurzeln, die uns speisen und halten, in ihrer Ausdehnung überhaupt erahnen?

Wir wissen es und *müssen* es wissen, dass wir tief verwurzelt sind in der Tradition; ja, dass wir aus ihr leben, obwohl sich dies dem Auge weitgehend entzieht. Ohne Tradition würden wir verdorren, absterben. Achten wir auf die Wurzeln, durch die wir im Boden verankert sind, ohne dass wir dabei zu Fundamentalisten werden oder einem billigen, dünnen Historismus verfallen.

Tradition ist uns vorgegeben

Was aber ist das für ein Boden, in den die Wurzeln hinabreichen? In seiner schlichten Gläubigkeit hat Johannes XXIII. das wiederum bei jenem Empfang für seine Landsleute gesagt: Es ist der alte Glaube, es sind die alten Prinzipien, die das Fundament des christlichen Lebens bilden. Das heißt, anders ausgedrückt: Die Tradition, aus der wir kommen und leben, ist uns vorgegeben. Sie lässt sich nicht beliebig auswechseln. Sie besteht aus dem überlieferten, uns geschenkten Glauben, den die heutige Lesung auf die knappe Formel bringt: »Aus Gott, durch ihn und auf ihn hin sind alle Dinge« (Röm 11,36). An diesem Glauben, dass die gesamte Wirklichkeit herausfließt aus der Güte und Allmacht Gottes und ohne diesen Gott keinen Bestand und kein Ziel hat, gibt es nichts zu deuteln und nichts zu ändern. Wann und wo immer Christen leben, bekennen sie sich zu dieser Überzeugung: Wir hängen nicht in der Luft; wir sind keine Zufallsprodukte der Geschichte; wir sind von Gott gewollt; wir erkennen uns als von ihm geschaffen, als ›verdankte‹ Existenz. Bei jedem Atemzug und in jedem Alter sind wir getragen und gehalten von seiner Liebe und seiner Treue. [...]

Die Kirche ist der Ort, an dem Gott dem Menschen seine Liebe und seine Wahrheit zuwendet durch die Geschichte hindurch. Die Kirche garantiert die Glaubenstradition, in der wir stehen und der wir verpflichtet sind.

Tradition ist uns aufgegeben

Sage nun keiner: Dann ist ja alles in Ordnung und kann eigentlich nichts mehr schiefgehen, wenn uns die Tradition in dieser Weise vorgegeben ist. Denn Tradition ist uns auch aufgegeben! »Gelebte Tradition«: So lautet mit Recht das Leitwort, das über dem heutigen Tag steht. Tradition leben meint: Mit offenem Geist sollen wir als traditionsbewusste Menschen und Jünger Christi Neuland betreten und Schritte in die Zukunft wagen; wir dürfen uns nicht in die Vergangenheit zurückziehen. Tradition leben bedeutet, den empfangenen Glauben immer wieder neu lebendig werden zu lassen und weiterzuvermitteln; er darf nicht zum toten Buchstaben veralten. Wo eine Tradition nicht »von Geschlecht zu Geschlecht« weitergereicht, neu belebt und eingeübt wird, da bricht sie allmählich ab. Tradition leben und aus der Tradition leben, meine Schwestern und Brüder, das ist eine höchst anspruchsvolle Sache und ein anstrengendes Unterfangen. Es genügt nicht, wenn man alles beim Alten belässt und erklärt: »Es war doch schon immer so!« In dem Umstand allein, dass man etwas Überkommenes weitersagt und weitertut, liegt noch nichts Rühmenswertes. Der Ruhm und Rang von Tradition besteht darin, dass Bewahrenswertes bewahrt und in den Stürmen der Zeit auch bewährt wird. Es ist daher gar nicht beängstigend, wenn etwa die junge Generation Traditionen einmal kritisch und skeptisch betrachtet und sie in Frage stellt. […] Es gibt nicht nur die heilige, unverletzbare und unveränderbare Tradition, es gibt auch die vielen Traditionen, die geschichtlich wandelbar sind. Sie bilden sich wie ein Rankenwerk um das Geheimnis, um den Kern der Tradition, und wir müssen sie immer wieder abtun, damit die Kostbarkeit und der Reichtum wahrer Tradition deutlich hervortreten. Der offenbar humorbegabte Kirchenvater Tertullian fand die treffsichere Formulierung: »Christus hat nicht gesagt: ›Ich bin die Gewohnheit‹, sondern: ›Ich bin die Wahrheit‹. Es kommt darauf an, dass wir aus den vielen Gewohnheiten und Überlieferungen, die den Kern, das Eigentliche des Christentums auch oft überlagert und manchmal verkleinert oder sogar verzerrt haben, das Wesentliche bewahren und in das Morgen hineintragen.« […]

Gelebte Tradition heißt: sich den Anforderungen der Gegenwart stellen, seine Verantwortung für die Gemeinde ernstnehmen und sich auch bereithalten für bestimmte Dienste. Gewiss nicht nur wegen des wachsenden Priestermangels werden diese oder jene Dienste den Laien anvertraut; dahinter steht die Überzeugung, dass wir aufgrund von Taufe und Firmung alle Verantwortung tragen, dass wir die Kirche mitformen sollen bis in das engere Gemeindeleben und den Gottesdienst hinein.

Der Verweis auf ›umrankende‹ Tradition, auf Gewohnheiten also, reicht da nicht aus. Und vor allem dürfen wir den Glauben nicht einfach mitschleppen, als wäre er ein Randphänomen, das eben auch dazu gehört; wir müssen diesem Glauben vielmehr Ausdruck verleihen durch eine zeitgemäße Sprache und ein überzeugendes Verhalten. Das geht wiederum nicht ohne geistige Anstrengung und theologische Mühe. Bereits im Neuen Testament wird den Christen abverlangt, dass sie ihren Glauben in Wort und Tat bezeugen. In einer verworrenen, orientierungslosen und skeptischen Welt müssen wir über unseren Glauben Rechenschaft geben; wir müssen klarlegen, weshalb wir glauben. [...]

Wir können nicht sagen: Wir haben eine Tradition, gleichsam in einem Schatzkästchen, das wir aber verschlossen halten. Wir müssen diesen Reichtum des Glaubens ausschütten, hinein in den Alltag unserer Welt, in die Differenzen und Dissonanzen unserer Zeit. Das heißt lebendige Tradition, dass wir dem Menschen Auskunft geben, wenn er fragt, wovon man leben kann; wenn er fragt, was uns letztlich trägt und Hilfe gewährt.

So sind Formen der Glaubensvertiefung – wie Erwachsenenbildung, Bibelabende, Gruppengespräche – in unseren Gemeinden dringend erforderlich, damit wir den geistigen Prozess der Tradition denkerisch mitvollziehen und die Welt auch morgen zu glauben vermag; damit unsere oft so verwirrte Jugend morgen wieder weiß, woran sie sich halten kann und was ein verantwortetes Gottesbild ist; was Normen sind und was es mit einer christlichen Moral auf sich hat. Wenn wir uns scheuen, die Tradition wahrhaft zu leben, oder wenn wir meinen, mit frommer Folklore sei schon alles getan, dann täuschen wir uns und messen unsere geschichtliche Stunde mit viel zu kleinen Maßstäben.

Meine Schwestern und Brüder, Gott traut uns etwas zu, wie er früheren Traditionsträgern etwas zugetraut hat. Die ersten Christen sind nicht weniger in Verlegenheit gewesen. Sie standen vor der Frage, wie sie mit einer heidnischen Welt fertig werden und diese durchsäuern sollten. Aber sie haben das Wagnis auf sich genommen in der zuversichtlichen Überzeugung: Wir haben doch das Eigentliche, den Glauben an unseren Herrn Jesus Christus; wir haben seine Treue-Zusage, und darum dürfen wir es wagen, uns denkend und handelnd abzugeben mit der Welt. Auch brauchen wir heute keine Minderwertigkeitsgefühle zu pflegen. Wir können uns orientieren an dem, was uns geschenkt ist, und können von daher weiterschenken, was Gott uns durch Christus in der Dynamik des Heiligen Geistes anvertraut hat. Bischof Sproll, der in schwerer Zeit unsere Diözese leitete und für sie litt, hat seinen Gemeinden gesagt:»Man wird uns in Zukunft daran messen, ob wir Bestand hatten in den Wirren der Zeit; ob wir den Mut hatten, das zu sagen, was des Herren ist, anstatt uns übertölpeln zu lassen von gängigen Meinungen und Parolen.«

Wir stehen in gelebter Tradition. Unsere Wurzeln reichen weit und tief. Deshalb brauchen wir in Krisenzeiten nicht gleich umzufallen und zu denken: Jetzt ist das ganze Christentum dahin. So verhält es sich ja gar nicht. Wir bilden immer noch eine starke Glaubensgemeinschaft. Ich erfahre es in diesem Jahr auf mannigfache Art und mit großer Beglückung, wie viel reiches, frommes Leben es in unserer Diözese gibt und wie viele neue Versuche im Gange sind, Gemeinde aufzubauen.

Kirche – Vertriebene – Heimat

Ansprache beim Tag der Heimatvertriebenen und Spätaussiedler auf dem Schönenberg in Ellwangen am 21. Mai 1978 (gekürzt)

Bischof Dr. Georg Moser hat sich – ebenso wie sein Vorgänger Dr. Carl Joseph Leiprecht – intensiv für die Beheimatung der Vertriebenen und Spätaussiedler in unserer Diözese eingesetzt. Festlicher Höhepunkt dieser pastoralen Zuwendung waren (und sind) die jährlichen Wallfahrtsgottesdienste auf dem Schönenberg in Ellwangen. Eine der bedeutendsten Ansprachen zu diesem Anlass hielt Bischof Georg Moser im Jahr des hundertfünfzigjährigen Jubiläums der Diözese. Er dankte den Heimatvertriebenen für ihr Glaubenszeugnis und ihr Engagement beim Aufbau der vielen neuen Kirchengemeinden in der Diözese. Besonders bemerkenswert sind die Aussagen zu den Themen »Kirche – Heimat – Flüchtlinge – Integration«. Auch heute – vierzig Jahr später – sind viele dieser Aussagen noch aktuell; wenn er zum Beispiel die Aufgabe der Kirche bei der Aufnahme und Beheimatung von Flüchtlingen betont.

Im Blick auf die aktuellen Herausforderungen unserer Kirche bei der Aufnahme von Armutsflüchtlingen und Asylbewerbern müssen wir feststellen, dass die derzeitige Situation wirtschaftlich und gesellschaftlich gesehen kaum mit der Nachkriegszeit zu vergleichen ist. Die Mehrzahl der Flüchtlinge, die derzeit in unser Land kommen, gehören keiner christlichen Kirche an; und die staatlichen Hilfesysteme sind heute wesentlich effektiver als in den ersten Jahren des Wiederaufbaus in der Bundesrepublik. Und manche der Erfahrungen der Heimatvertriebenen und Spätaussiedler beim Aufbau neuer Kirchengemeinden lassen sich kaum auf die aktuelle Situation bei der Begleitung von Flüchtlingen übertragen.

Aber: Wir als Kirche Jesu Christi haben die Aufgabe, Menschen in Not und Flüchtlingen Schutz und Zuwendung zu gewähren. Soweit möglich, sollten wir ihnen helfen, bei uns eine neue Heimat zu finden, wenn sie in ihre frühere Heimat nicht zurückkehren können.

Auf diese unsere Verantwortung als Christen hat Bischof Moser in seiner Ansprache eindeutig und mahnend hingewiesen. Seine Aussagen dazu sind auch heute aktuell und wichtig.

Zum dreißigsten Mal haben sich heute die Heimatvertriebenen zur Wallfahrt auf dem Schönenberg versammelt, zum dreißigsten Mal bringen Sie, liebe Schwestern und Brüder in Christus, seit der Vertreibung zum Ausdruck, dass Ihnen diese Stätte mit dem Gnadenbild der Gottesmutter zu einem Stück neuer Heimat geworden ist. Zum dreißigsten Mal bekunden Sie öffentlich Ihren Glauben in Ihrer jetzigen Heimatdiözese.

Die Wallfahrt, an der seit Jahren auch Spätaussiedler teilnehmen, fällt heuer mit der Feier unseres hundertfünfzigjährigen Bistums-Jubiläums zusammen. Sie lässt uns daran denken, dass Sie, liebe Wallfahrer, nunmehr ein Fünftel unserer gesamten Diözesan-Geschichte mitgestaltet haben. Weit über zweihundert neue Pfarreien sind seit Ihrem Kommen entstanden und das katholische Gemeindeleben wurde an vielen Orten durch Sie bereichert. Sie kamen nicht mit leeren Händen zu uns. Das Teuerste brachten Sie mit: den christlichen Glauben. Wir waren nicht nur die Gebenden, wir waren auch die Empfangenden. Wir verdanken Ihnen ein durch Zusammenbruch und Vertreibung gereiftes Glaubenszeugnis. Wir verdanken Ihnen eine kirchliche Lebenskraft, von der viele Antriebe ausgegangen sind.

So ist das Diözesan-Jubiläum für mich auch ein willkommener Anlass, Ihnen als Ihr Bischof herzlich »Vergelt's Gott« zu sagen. Ich danke Ihnen für Ihren Glaubensmut und Ihre Treue zur Kirche. Ich danke Ihren Seelsorgern, die Ihnen zur Seite standen auf Ihrem schweren Gang in die Fremde und in eine ungewisse Zukunft; sie haben ihren priesterlichen Auftrag oft bis zur Erschöpfung erfüllt. Ich danke den Familien, in denen die heimatliche Religion weitergepflegt und der jungen Generation weitervermittelt wurde. Das heutige Gesicht unserer Diözese haben Sie wesentlich mitgeprägt.

Recht auf Heimat

Heute leben in der Bundesrepublik etwa 16 Millionen Heimatvertriebene und Flüchtlinge, davon über zwei Millionen in Baden-Württemberg. Dass es nicht zur Katastrophe kam, ist zu einem großen Teil das Verdienst der Heimatlosen selbst. Ohne Vorbehalte halfen Sie, liebe Schwestern und Brüder, mit bei der Überwindung der entstandenen Not. Sie ließen sich von keinem ständigen Selbstmitleid lähmen; mit ganzer Hingabe setzten Sie sich beim Wiederaufbau ein: wirtschaftlich, politisch, kulturell, kirchlich. Die geistige Kraft, die Sie dabei antrieb, war in vielen Fällen der christliche Glaube. Dieser Glaube war auch bestimmend für die Charta der Heimatvertriebenen von 1950. Im Geist des Evangeliums schworen Sie darin jeder Rache und Vergeltung feierlich ab, ohne dass Sie indes auf Ihr Heimatrecht verzichteten.

Der neuen Heimat verpflichtet

Durch die Eingliederung in unser Land haben Sie auch die Verpflichtung gegenüber dieser neuen Heimat übernommen. Und ich möchte Sie bitten, unserem Land weiterhin unermüdlich zu dienen. Der inzwischen erreichte Wohlstand hat verschiedene ernste Probleme mit sich gebracht. Sie zu meistern, kostet nicht weniger Anstrengung als der vorwiegend wirtschaftlich-materielle Wiederaufbau nach dem Krieg. Als Heimatvertriebene und Spätaussiedler sind Sie eigens dazu aufgefordert, für unsere gemeinsame Heimat einzutreten, wenn zerstörerische Kräfte die Grundlagen und den Bestand des Staates und der Gesellschaft gefährden. Verzweiflung greift heute in den Gedanken, Herzen und Taten vieler Menschen um sich.

Grundwerte werden missachtet und Lebensinstitutionen wie Ehe und Familie mit Hohn überschüttet. Angesichts solcher Entwicklungen dürfen wir uns nicht in ein Getto zurückziehen. Auch in der Öffentlichkeit müssen wir unseren christlichen Beitrag leisten. Ich rufe Sie auf: Handeln Sie nach den Maßstäben des Evangeliums. Treten Sie ein für die Würde des Menschen und für eine humane Gesellschaft. Stellen Sie sich einer ›Wegwerfkultur‹ entgegen und seien Sie Anwalt dessen, was den Tag überdauert und wirklich Bestand hat. Zeigen Sie durch Ihren Einsatz und Ihre Hingabe, wie man die Sinnleere überwindet und wie man die Langeweile und die Lust am Zerstören bannt.

Heimat des Herzens

»Kirche – Heimat«, so lautet das Leitwort unserer Wallfahrt. Es lässt uns innewerden, dass wir in der Kirche Jesu Christi unsere tiefste Heimat haben, die Heimat unseres Herzens. Diese Heimat ist weder von Menschen begründet, noch können Menschen sie zerstören. Vom großen Kardinal Newman ist uns folgender Text überliefert: »Wir mögen voll Traurigkeit sein, es mögen Kämpfe von außen und Ängste von innen sein; wir mögen dem Missfallen, dem Tadel oder der Verachtung der Menschen ausgesetzt sein; oder wir mögen erschöpft sein infolge der Nutzlosigkeit, Kälte und Trostlosigkeit der Welt: wir brauchen etwas, das uns nähersteht. Was ist unsere Zuflucht? Nicht Fleisch und Blut noch das freundliche Antlitz: es ist diese heilige Heimat, die Gott uns gegeben hat in seiner Kirche, es ist diese ewige Stadt, in der Er seinen Wohnsitz genommen hat.« In dieser heiligen Heimat, in dieser ewigen Stadt erfüllt sich der Segenswunsch, mit dem der Apostel Paulus den zweiten Korintherbrief beschließt. Die Kirche ist der Ort, wo wir die Liebe unseres göttlichen Vaters erfahren dürfen, wo uns die Gnade unseres Herrn Jesus Christus zuteilwird und wo uns die Gemeinschaft des Heiligen Geistes (vgl. 2 Kor 13,13) stärkt.

In der Kirche sind wir der Heimatlosigkeit enthoben, weil wir einen *Vater-Gott* haben, der uns liebt. Auch Nicht-Christen haben ihre Götter so benannt. Aber das war nicht unbedingt Ausdruck des Vertrauens. Sie meinten, Gott sei eben so wie mancher Menschenvater: manchmal ganz nett, bei guter Laune, manchmal aber auch ein Egoist, ein Tyrann, unberechenbar und gefährlich. Uns aber wurde geoffenbart, dass Gottes Vaterschaft nur verlässliche Güte kennt, dass Gott kein grausames Spiel treibt mit uns und unserer Welt. Er selbst hat uns Einblick gewährt in sein Wesen. Dies geschah in seinem Sohn Jesus Christus, dessen Gnade uns widerfahren ist. In ihm hat sich das Befreiende und Tröstliche ereignet: Gott ist unser Bruder geworden. Eine Hand vom Himmel hat sich der Erde entgegengestreckt; eine menschliche Gestalt ist aus dem ewigen Geheimnis in unserer Zeit erschienen. Der Gottessohn hat sich an unsere Welt ausgeliefert, hat sich eingelassen in menschliches Schicksal und menschliche Geschichte. Wem das Gottesgeheimnis wie ein schreckliches Rätsel vorkommt, der schaue auf den gekreuzigten und auferstandenen Jesus, in dem Gottes Nähe, seine Güte und Menschenfreundlichkeit aufgeleuchtet ist. Wem Gott fern zu sein scheint, der gehe zu Christus Jesus und spreche mit ihm »Abba – Vater«.

Dieser Jesus hat uns nach seiner Himmelfahrt nicht als Waisen zurückgelassen. Er hat uns seinen, den *göttlichen Geist* gesandt. Die Gemeinschaft dieses Geistes in der Kirche hält uns zusammen. Sie macht uns zu einer großen Familie, in der alle Geborgenheit und Heimat finden, die hier eintreten. Sie sagt uns, welchen Sinn unsere Wege haben, und vermittelt uns Lebensmut, vermittelt uns Hoffnung. Sie lässt uns Richtung nehmen auf den Ursprung und das Ziel unseres Daseins: auf den Gott, der Liebe ist.

Diese Kirche – auch unsere Aufgabe

Wir müssen die Kirche zu dem werden lassen, was sie ist: zur Heimat für viele. Papst Paul VI. sagte bei der Generalaudienz am 23.3.1978: »Ihr seid Glieder jener religiösen Familie, die am Pfingsttag ins Leben trat und sich aus den verschiedensten Völkern zusammensetzt, wo alle Anwesenden trotz verschiedener Herkunft und Bildung erstaunt und verwundert eine gemeinsame, ihnen verständliche Sprache vernehmen.« Doch da müssen wir uns unweigerlich fragen: Haben wir genügend Verständnis, genügend Offenheit für jene, die anderer Herkunft sind, die anders denken und empfinden als wir? Nehmen wir sie in unsere Gemeinschaft auf oder sind wir geneigt, eine Clique zu bilden, die für sich sein will und keine Belästigung duldet? Sprechen wir jene gemeinsame Sprache, die alle verstehen: die Sprache der Liebe? [...] Und: Sind wir in der Tat denen Heimat des Herzens, die in unserer Gesellschaft umherirren – umherirren ohne geistige Unterkunft? Oder haben wir uns ein Kirchentum aufgebaut, das die private Behaglichkeit liebt und vor lauter Beschäftigung mit sich selbst den Blick für die Außenwelt und deren Dringlichkeiten verloren hat?

Die Kirche als Heimat ist uns auch aufgegeben und nicht nur geschenkt. Täglich sollen wir aus erneuertem Glauben das Hoffen und Lieben versuchen. Das gilt, so hat Kardinal Döpfner in einer Predigt betont, »vom Papst bis zum letzten Jünger Christi«. Miteinander sollen wir Christus suchen; miteinander den Sinn unseres Lebens finden. Wir sollen einander helfen, dem Ansturm des Bösen zu widerstehen und unseren Dienst an den Brüdern zu erfüllen. Kurz gesagt: Wir sollen *einander helfen*, zu *glauben* – zu glauben mit der ganzen Fülle, die dieses Wort in sich birgt. Der dreifaltige Gott hat uns Menschen Raum gewährt in seinem Wesen. Schaffen wir einander Heimat; seien wir einander Heimat!

Haltet fest am Wort des Lebens! (Phil 2,16)

Hirtenbrief zur Fastenzeit 1981 (gekürzt)

Liebe Schwestern und Brüder in Christus!

Vielleicht erinnern Sie sich: Kaum hatte Papst Johannes Paul II. in Köln mit den Worten des Kolosserbriefes zu Liebe und Erbarmen aufgerufen (vgl. Kol 3,12–15), da unterbrach ihn spontaner Beifall. Viele schienen nicht zu merken, dass es sich um ein Bibelzitat handelte. Der Papst reichte deshalb die Anerkennung weiter: Er bedankte sich »im Namen des heiligen Paulus«. Demnach sind Bibeltexte nicht allzu bekannt, zugleich aber brennend aktuell. So lade ich alle Gemeinden unserer Diözese ein, in der vorösterlichen Zeit den biblischen Schriften neu zu begegnen.

Wie gelingt unser Leben? Unsere Welt erweckt heute den Eindruck, als sei sie irgendwie steckengeblieben. Die Jahre stürmischen Aufbruchs sind vorbei: die Jahre, in denen mit Schwung neue Wege menschlichen Lebens und Zusammenlebens bedacht und beschritten wurden; die Jahre, in denen eine bessere Zukunft greifbar schien, in denen sich neue Horizonte auftaten und Idealismus wachriefen. Heute machen sich Ernüchterung und Enttäuschung breit. Viele Wege haben sich als Sackgassen erwiesen; sie führten nicht zu dem Ziel, das man sich von ihnen versprach.

Viele Ärzte stehen am Krankenbett unserer Zeit. Doch sie heilen uns nicht von lähmender Resignation, stillen nicht unseren Hunger nach Leben. Sie helfen uns nicht, unser Leben sinnvoll zu gestalten. Der Mangel an Lebenskunst geht weithin schon in einen Mangel an Lebenswillen über. Dringend brauchen wir Impulse und Orientierungen, etwas, wovon und woraufhin wir leben können.

Der Weg unseres Lebens ist nicht mehr einfach vorgezeichnet von Tradition oder Umwelt; er verlangt unsere Entscheidung. Größere Freiheit aber bedeutet ein größeres Wagnis, auch größere Unsicherheit. Viele fragen: Ist mein Weg der richtige? Gibt es bewährte Erfahrungen und Überzeugungen, auf die wir zurückgreifen können?

Die Bibel bezeugt: Mit Gott gelingt unser Leben

Die biblischen Zeugnisse bieten uns einen wahren Schatz an Lebenskunst und Lebenserfahrung. Einmütig bekennen sie: Ein Leben mit Gott ist ein gelingendes Leben, auch in dunklen und durchkreuzten Stunden.

Im *Alten Testament* finden wir Berichte und Erzählungen, Gleichnisse und Sinnsprüche, Gebote und Prophetenworte, Gebete und Lieder aus über tausendjähriger Überlieferung. Auf vielfältige Weise hat das alte Bundesvolk den Weg markiert, den es von seinem Gott geführt wurde. Da offenbart sich Jahwe als Gott des Bundes, »als ein für Welt und Mensch entschiedener Gott«[1]. Er bleibt Israels treuer Wegbegleiter, auch als sein Volk sich auf Abwege und Irrwegen von ihm entfernt. Er holt es zurück auf den Weg des Lebens, auf den Weg in eine neue Zukunft.

Die Schriften des *Neuen Testaments* kreisen um das eine Bekenntnis: Jesus Christus ist der Herr. Die Evangelien berichten »über alles, was Jesus getan und gelehrt hat« (Apg 1,1), »damit ihr glaubt, dass Jesus der Messias ist, der Sohn Gottes, und damit ihr durch den Glauben das Leben habt in seinem Namen« (Joh 20,31). Gott hat die Menschen durch die Botschaft, durch den Kreuzestod und die Auferstehung Jesu Christi für immer mit sich versöhnt und ihnen dadurch eine völlig neue, ewig gültige Lebensmöglichkeit erschlossen. Dies ist die Erfahrung der Jünger Jesu, dies bezeugt die junge Christengemeinde. Dies aller Welt mitzuteilen, ist ihre vornehme Aufgabe. So entstehen in der Kirche des ersten Jahrhunderts auch die Briefe von Aposteln und führenden Glaubenszeugen an Gemeinden und einzelne Personen. [...]

---

1 Alfons Deissler, Die Grundbotschaft des Alten Testaments. Ein theologischer Durchblick, Freiburg–Basel–Wien, 5. Aufl. 1976, S. 85.

Können auch wir uns von diesem Zeugnis anstecken lassen? – Augustinus, auf der Suche nach Wahrheit, getrieben von quälender Unruhe, vernimmt im Garten seines Hauses in Mailand eine Stimme wie die eines Kindes: »Nimm und lies!« Daraufhin schlägt er die Bibel auf und beginnt im Römerbrief zu lesen. Dort findet sein Fragen Antwort, sein Suchen Wegweisung. In seinen Bekenntnissen schreibt er: »Kaum hatte ich den Satz beendet, durchströmte mein Herz das Licht der Gewissheit, und alle Schatten des Zweifels waren verschwunden.«[2]

Gottes Wort, das uns die Kirche vermittelt und auslegt, ist gleichzeitig Zuspruch und Anspruch. Es ist uns nicht nur gegeben zum Nachdenken und Diskutieren, sondern zum Leben. Es kann klären und befreien, Halt und Richtung verleihen, einen zuverlässigen Weg weisen, wenn wir uns darauf einlassen.

Als Kirche stehen wir unter dem Wort Gottes. Alle Gläubigen, zumal diejenigen, die einen pastoralen Dienst versehen, müssen hier Maß nehmen. Unsere Gemeinden bleiben nur lebensfähig, solange sie hinhören auf das, was ihnen Gott zu sagen hat. Ja, eine Gemeinde ist umso lebendiger, je mehr sie sich an ihre Mitte hält, nämlich an Jesus Christus, der uns versichert: »Die Worte, die ich zu euch gesprochen habe, sind Geist und sind Leben« (Joh 6,63). Angstbeladene und Mutlose können Hoffnung gewinnen aus dem Wort: »In der Welt seid ihr in Bedrängnis; aber habt Mut: Ich habe die Welt besiegt« (Joh 16,33). Ratlose und Verwirrte finden Orientierung in Jesu herausforderndem Bekenntnis: »Ich bin der Weg und die Wahrheit und das Leben« (Joh 14,6). Den Müden und Erschöpften gilt Jesu Einladung: »Kommt alle zu mir, die ihr euch plagt und schwere Lasten zu tragen habt. Ich werde euch Ruhe verschaffen« (Mt 11,28). Den angestrengten und oftmals überforderten Menschen kann es heilsam sein, zu wissen: »Seht euch die

---

2 Augustinus, Confessiones, 8. Buch: PL 32, 762.

Vögel des Himmels an: Sie säen nicht, sie ernten nicht und sammeln keine Vorräte in Scheunen; euer himmlischer Vater ernährt sie. Seid ihr nicht viel mehr wert als sie?« (Mt 6,26) In Leid und Trauer kommt uns Trost zu aus der Verheißung:»Er wird alle Tränen von ihren Augen abwischen: Der Tod wird nicht mehr sein, keine Trauer, keine Klage, keine Mühsal. Denn was früher war, ist vergangen« (Offb 21,4). Die sich um den Frieden sorgen und sich für ihn einsetzen, dürfen vernehmen:»Selig, die Frieden stiften; denn sie werden Söhne Gottes genannt werden« (Mt 5,9). Und den Schuldig-Gewordenen gilt der Zuspruch, der sie aufrichten kann: »Wenn das Herz uns auch verurteilt – Gott ist größer als unser Herz, und er weiß alles« (1 Joh 3,20). Diese Worte, liebe Schwestern und Brüder, sind keine billigen Sprüche oder dünne Vertröstungen. Sie sind tragfähige Verheißungen für uns. Da wird uns Brot geschenkt, von dem wir leben können. In seiner Liebe für uns ist Gott ja bis zum Äußersten gegangen. In seinem Sohn bleiben wir in diese Liebe einbezogen; er hat uns der Finsternis und dem Tod entrissen.

Aus dem Wort Gottes leben

»Herr, zu wem sollen wir gehen? Du hast Worte des ewigen Lebens« (Joh 6,68). In dieses dankbare Bekenntnis des Petrus können auch wir einstimmen. Der Umgang mit der Heiligen Schrift sichert uns den Zugang zu ihm; denn»wer die Schrift nicht kennt, kennt Christus nicht«[3]. Das Zweite Vatikanische Konzil ermahnt alle Glaubenden,»durch häufige Lesung der Heiligen Schrift sich die alles übertreffende Erkenntnis Jesu Christi (Phil 3,8) anzueignen«[4].

---

3   Hieronymus:»Ignoratio scripturarum ignoratio Christi est.« Comm. in Isaiam, Prol.: PL 24, 17.
4   Dogmatische Konstitution über die göttliche Offenbarung, Nr. 25.

Das Wort Gottes verlangt die Bereitschaft, sich zu öffnen. In einer lauten, überreizten Welt müssen wir uns zum Hören entschließen, indem wir bewusst abschalten und ruhig werden. Auch muss man in Liebe hören, sonst hört man doch nur sich selbst. Horchen mündet schließlich in gehorchen: »Selig, die das Wort Gottes hören und es befolgen« (Lk 11,28).

Regelmäßig hören wir des Herrn Wort im Gottesdienst. Das Konzil hat die Bedeutung des Wortgottesdienstes in jeder Liturgie neu hervorgehoben. Wie in den sakramentalen Zeichen ist Christus auch hier gegenwärtig, »da er selbst spricht, wenn die heiligen Schriften in der Kirche gelesen werden«[5]. Wie oft hören wir nur mit halbem Ohr zu, wie oft lassen wir nur den eigenen Gedanken freien Lauf. Versuchen wir doch wieder aufs Neue, Gottes Wort hellwach aufzunehmen in unsere vertrockneten Herzen – dann wird es zum Quell, der unseren Alltag fruchtbar macht.

Geben wir Gottes Wort auch seinen Platz in unserem persönlichen Leben: Reservieren wir uns täglich eine feste Zeit für das langsame, besinnliche Lesen der Heiligen Schrift. Spricht uns ein Bild oder ein Gedanke eindringlich an, verweilen wir bei diesem Abschnitt und lassen ihn auf uns wirken. Solches Lesen ist eine Form der Meditation und führt in die Tiefe des Betens. Auch wenn uns eine Stelle zunächst unverständlich ist, sollten wir unbeirrt weiterlesen. Nicht alles sagt uns zu jeder Zeit gleich viel. In zahlreichen Gemeinden wird in Bibelkreisen die Heilige Schrift gelesen: Tauschen wir unsere Empfindungen und Überlegungen aus, sprechen wir darüber, bereichern wir uns gegenseitig mit unseren Erfahrungen. [...]

Ich wünsche Ihnen allen, liebe Schwestern und Brüder, die erneuernde Kraft des Wortes Gottes und die daraus erwachsende Treue. Mit dem Jakobusbrief ermuntere ich Sie: »Hört das Wort nicht nur an, sondern handelt danach« (Jak 1,22). So erbitte ich für die Gemeinden, für die Familien und jeden Einzelnen den Segen

---

5 Konstitution über die heilige Liturgie, Nr. 7.

des Dreifaltigen Gottes: des Vaters und des Sohnes und des Heiligen Geistes. Amen.

Rottenburg am Neckar,
am Fest der Apostelschüler Timotheus und Titus, 26. Januar 1981

Ihr Bischof
+ Dr. Georg Moser

In Treue zur apostolischen Glaubensüberlieferung

Predigt zur Eröffnung der Diözesansynode im Dom zu
Rottenburg am 6. Oktober 1985 (gekürzt)

*Die Diözesansynode wurde von Bischof Dr. Georg Moser am
6. Januar 1983 angekündigt und nach sorgfältiger Vorbereitung am
7. Oktober 1985 eröffnet. Unter dem Motto »Weitergabe des Glaubens an die kommende Generation« sollten die Synodalen (Priester
und Laien) die Zeichen der Zeit deuten und die notwendigen pastoralen Schritte der Ortskirche von Rottenburg-Stuttgart beraten. Die
Durchführung der Diözesansynode nach den kirchenrechtlichen
Bestimmungen war ein Wagnis; denn es gab im Bereich der Deutschen Bischofskonferenz nach dem Zweiten Vaticanum bisher keine
Erfahrungen damit. Die Gemeinsame Synode der Bistümer in der
Bundesrepublik Deutschland (1971–1975) hat zudem gezeigt, dass es
hinsichtlich der Konsequenzen aus dem Zweiten Vatikanischen
Konzil und den notwendigen Reformen erheblichen Diskussionsbe-
darf gab. Manche Gruppierungen in der katholischen Kirche beklag-
ten einen Reformstau und andere wiederum äußerten ihre große
Sorge, dass die katholische Identität der Kirche bedroht sei. Vor diesem Hintergrund war die von Bischof Moser einberufene Diözesansynode ein Wagnis. In welchem Stil würden die Synodalen miteinander reden und um Wege in die Zukunft ringen? Und welche
Beschlüsse könnten – im Konsens mit dem Bischof – von der Synode
verabschiedet werden?*

*Der Synodenbeschluss, der an Pfingsten 1986 verkündet wurde,
hat in unserer Diözese nachhaltige Spuren (z. B. in der Jugendarbeit
und im Religionsunterricht) hinterlassen und gehört zum pastoralen Vermächtnis von Bischof Georg Moser.*

*Trotz der Ablehnung aller nach Rom vorgebrachten Voten hat das
»Ereignis Synode« viele Synodenmitglieder in ihrem Glauben ermu-
tigt und ihnen Zuversicht und Kraft für die Mitgestaltung unserer
Ortskirche von Rottenburg-Stuttgart gegeben. Dies war 20 Jahre*

nach Abschluss des Zweiten Vatikanischen Konzils und in einer Zeit
des gesellschaftlichen Umbruchs und der deutlich spürbaren »Ver-
dunstung des Glaubens« sehr wichtig. In der Predigt zur Eröffnung
der Diözesansynode »beschrieb« Bischof Moser sehr anschaulich
und eindringlich die Herausforderungen der Diözesansynode und
die Bedeutung der »Weitergabe des Glaubens an die kommende
Generation«.

»Angesichts des Erbarmens Gottes« – mit diesen Worten, die wir
soeben aus dem Römerbrief des Apostels Paulus hörten, grüße ich
Sie alle von Herzen. »Angesichts des Erbarmens Gottes«, umfan-
gen von Gottes Heilswillen also, errettet durch die gütige Zuwendung des Himmels – so finden wir uns nach des Apostels Wort in
der Gemeinschaft der Erlösten. Und angesichts des Erbarmens
Gottes eröffne ich unsere Diözesansynode.

Dass wir eine Synode riskieren, das entspringt weder einer pastoralen Lieblingsidee noch ist es gedacht als Vorzeigeartikel aus
dem schwäbischen Musterländle. Dieses durch die Geschichte und
das kirchliche Recht begründete Ereignis wagen wir allein im Vertrauen auf das Gehaltensein in Gottes Erbarmen.

Das Erbarmen Gottes hat einen unverwechselbaren Namen,
»der größer ist als alle Namen« (Phil 2,9): Jesus Christus. Sein
Name leuchte über unserer Synode, so wie ihn Papst Paul VI. über
das Zweite Vatikanische Konzil geschrieben hat, als er zur Eröffnung der zweiten Sitzungsperiode erklärte: »Christus ist unser
Ausgangspunkt, Christus unser Weg und Führer, Christus unsere
Hoffnung und unser Endziel. [...] Über dieser Versammlung soll
kein Licht aufleuchten, das nicht Christus ist, das Licht der Welt.
Keine Wahrheit soll unseren Geist beschäftigen, außer den Worten
des Herrn, unseres einzigen Meisters. Kein anderes Bestreben soll
uns leiten außer dem Verlangen, ihm unbedingt treu zu sein.«
Unsere Zuversicht gründet in seiner Zusage: »Seht, ich bin bei euch
alle Tage bis zum Ende der Welt« (Mt 28,20).

Christus: das Licht der Welt

Wir brauchen, um nicht in Finsternis zu enden oder im Todes-schatten zu verkommen, den Glauben an Jesus Christus. »Ich glaube – sagt Paulus – an den Sohn Gottes, der mich geliebt und sich für mich hingegeben hat« (Gal 2,20). Darum dürfen wir, kön-nen wir und wollen wir diesen Glauben nicht sterben lassen: nicht in uns, nicht im Lebensgefühl unserer Zeit und nicht in der Welt. Vor meinen Augen stehen ungezählte Frauen und Männer, Jugend-liche, Kinder und Kranke unserer Diözese, denen das Leben wert-los wäre ohne diesen Halt und diese Kraft. Eine von ihnen, mit vierzig Jahren erblindet, hat ihrem Seelsorger beteuert: »Wenn mir jemand anbieten würde: Du darfst wieder sehen, aber um den Preis deines Glaubens, dann wollte ich lieber blind bleiben.« Und vor drei Tagen erzählte mir ein schwäbischer Missionar von einem Mann aus einer Basisgemeinschaft in den Slums von Kapstadt, der sagte: »Und wenn wir in diesem Rattenloch umkommen müssen, wir sind nicht trostlos; denn Jesus ist bei uns.«

Aus welchen Quellen sollen wir denn Kraft und Hoffnung schöpfen, wenn nicht aus dem christlichen Glauben? Die Alterna-tiven zu Christus sind kläglich und zumeist bereits verbraucht. Der Glaube ist unser Kostbarstes, er ist die wertvolle Perle. Verste-cken wir diesen Reichtum ja nicht im Schließfach! Er muss unter die Leute, er gehört auf die Straßen und Marktplätze, er gehört in die Öffentlichkeit. Keine Sorge: Wer den Glauben hineinvermittelt ins Gemenge des Tages, der bringt kein überflüssiges Wort. Wir geben nur in Freude weiter, was größer ist als wir selbst.

Wir zeigen auf Christus, nicht auf uns. Wir geben, wie es die Würzburger Synode wieder so eindringlich verlangt hat, jedem Rechenschaft, der nach dem Grund unserer Hoffnung fragt (vgl. 1 Petr 3,15). Wenn wir es nicht sind, die die Liebesgeschichte Gottes mit den Menschen weitererzählen; wenn wir es nicht sind, an denen glaubwürdig bezeugtes Christentum ablesbar wird – wie sollen dann kommende Generationen Christus begegnen als der Wahrheit ihres Lebens, als der Hoffnung der Menschheit und dem Heil der Welt? [...]

»Wir haben unterschiedliche Gaben, je nach der uns verliehenen Gnade«, so hörten wir eben von Paulus. Unsere Gaben werden zur Aufgabe, wo es darum geht, den Glauben zu leben, zu feiern und ihn in fassbare Formen zu gießen. Alle Gaben müssen zusammenfließen in den Strom der Weitergabe des Glaubens. Der Völkerapostel erinnert an die Gabe prophetischer Rede, des Dienstes, des Lehrens, des Tröstens und Ermahnens (vgl. Röm 12,6–8).

Eine dramatische Bedeutung gewinnt die Weitergabe des Glaubens im Blick auf die kommende Generation. Was wird sie glauben? Wem wird sie glauben? Wo wird sie Nahrung für den Hunger finden, den auch sie nicht betäuben kann?

»Wenn Sie einen besseren Führer suchen als alle anderen« – so hat Dom Hélder Câmara einmal gesagt –, einen, »der die Jugend besser versteht als ein anderer und sie nicht enttäuschen wird, dann sage ich Ihnen ohne Zögern, wer dies ist: Jesus Christus!« Aber wo kommen die jungen Menschen heute schon noch in Berührung mit ihm und seinem Evangelium? Der Kontakt zur Kirche ist vielfach unterbrochen. In vielen Familien wird über religiöse Überzeugungen, selbst wo es sie gibt, nur selten gesprochen. Im gesellschaftlichen Leben werden die Spuren christlicher Tradition zunehmend verwischt. Manchmal scheint es fast, unserem Lebensstil sei im Großen wie im Kleinen jedes Maß abhandengekommen, die Sünde sei hoffähig und das Zerfahrene, Sinnenreizende, Zerrinnende und Trennende sei bestimmend geworden.

Christus ist der Erlöser der ganzen Menschheit, also auch der, die nach uns kommen wird. Er ist das Heil der Welt, auch der Welt von morgen. […]

Unser unersetzbarer Dienst an der Zukunft besteht in der Weitergabe des Glaubens. Auch künftige Generationen werden nicht nur von Geld und Macht, von Technologie oder Annehmlichkeiten leben. Sie brauchen nicht nur sauberes Trinkwasser und grüne Bäume, so sehr wir ihnen das wünschen. Zu einem Leben, das diesen Namen wirklich verdient, gehört die Erfahrung eines unzerstörbaren Sinns der eigenen Existenz, die begründete Hoffnung auf eine Vollendung aller Fragmente dieser Welt. […]

Der Schmerz der inneren Leere wird brennender. Ja, rundum steht allmählich das Leben als solches zur Disposition: angefangen schon vor der Geburt bis zur möglichen Selbstzerstörung der Völker. Den Erwachsenen, im unendlichen Kreislauf von Leistung und Konsum gefangen, fällt oft nichts Besseres ein, als auch die Kinder wie Festtagsgänse mit Wohlstand vollzustopfen.

Als Zeitgenossen haben wir leidenschaftlich für die christliche Alternative einzutreten, damit sich das prophetische Drohwort nicht erfüllt: »Glaubt ihr nicht, so bleibt ihr nicht« (Jes 7,9).

Der Weg der Kirche

Glaubt ihr nicht, so bleibt ihr nicht« – dieses Wort des Jesaja trifft zuerst uns selber: ob wir uns von Jesus wirklich umkehren, umkrempeln lassen zu neuen Menschen, zu neuem Denken und Lieben – und ob wir nach Kräften mithelfen, dass sich die Welt von innen her verwandelt. Ohne die Kirche wäre in der Vergangenheit das Christentum gestorben; ohne die Kirche wird es auch in Zukunft keine Christen mehr geben. In uns selber muss der Glaube tiefer und wirksamer werden; wir selber müssen heimkehren zur Freundschaft mit Christus.

Welche Wege also sollen wir gehen? Sicherlich nicht die Wege der Restauration, nicht den Rückzug in vermeintlich bessere frühere Zeiten. Wir suchen auch nicht ein kuscheliges Nest für schwärmerische Insider. [...]

Unser Weg wird auch kein Rottenburger Sonderweg sein; es ist der Weg der Gesamtkirche: ein Weg in lebendiger Treue zum apostolischen Glaubenszeugnis der Jahrhunderte. Wenn wir nachher gemeinsam das feierliche Glaubensbekenntnis sprechen, dann bekennen wir die uneingeschränkte Gemeinschaft mit der weltweiten Kirche der Gegenwart, weil wir genau wissen, dass wir nur im Lebensaustausch mit den anderen Ortskirchen bestehen können. Unser Weg berührt und verzahnt sich aber auch in wachsender Gemeinschaft mit den anderen christlichen Kirchen, mit denen wir unterwegs zur Einheit sind.

Vertrauensvoll unterwegs

Unsere Synode hat nicht nur die Weitergabe des Glaubens zum Thema, sie ist selbst ein Wagnis des Glaubens. Vergegenwärtigen wir uns daher nochmals den Schlussappell des Apostels Paulus: »Seid fröhlich in der Hoffnung!« Keiner gehe ängstlich in unsere Beratungen. Jeder bewahre die Zuversicht, dass Gottes Geist dynamisch bleibt, dass seine Feuer auch heute und morgen zünden.

»Seid geduldig in der Bedrängnis!« Das morgige Rosenkranzfest stellt uns Maria, die Mutter des Glaubens, vor Augen. Welch schweren Weg musste sie mit Jesus durchhalten, bis sie den befreienden Ostermorgen und die Vollendung erlebte.

»Seid beharrlich im Gebet!« Unser Glaube lebt nicht von tollen Einfällen oder taktisch gewandten Aktionen, sondern zutiefst aus der Gnade, die Gott den demütig Bittenden nicht verweigert.

Wagen wir unsere Synode im selben Vertrauen wie beim letzten Mal Bischof Carl Joseph mit unserer Diözese in der Gewissheit:

Deus adiutor – Gott ist unser Helfer.

Das Alter – ein neuer Beginn?

Brief an die älteren Mitchristen in der Diözese Rottenburg-Stuttgart (gekürzt)

Memento vivere

Als Seelsorger habe ich schon oft alte Menschen gefragt: »Was bedrückt Sie jetzt, in Ihren späten Jahren, am meisten?« Drei Antworten kehrten mit Bestimmtheit wieder:

»Das schreckliche Gefühl verlässt mich kaum: Du hast keine Zukunft mehr.« – »Ich habe so vieles falsch gemacht; das quält mich mehr, als ich sagen kann.« – Und dann: »Ich habe einfach Angst vor dem Tod.«

Zunächst einmal zur Zukunft. Man hat den Christen schon als einen Menschen definiert, der weiß: Ich bin geliebt von Gott. Man kann von ihm aber auch sagen: Sein Christenglaube bezeugt ihm, dass er immer Zukunft hat. Auf Karfreitag folgt Ostern. Ohne den Osterglauben wären wir arme Toren, bekannte Paulus. Jesus Christus ist uns vorangegangen in die Ewigkeit, um uns dort »eine Wohnung zu bereiten«. Erst wenn wir dort sind, werden wir aufhören zu sterben. Wir sollen mit ihm teilhaben am ewigen Leben. Unser wahres Leben beginnt erst jenseits der Zeit.

Tag für Tag sollten wir uns an dem Gedanken aufrichten: Ich habe Zukunft, und im Alter rückt die große, die absolute Zukunft nahe heran. Wollten wir denn tatsächlich immer auf dieser Erde leben? Die Patriarchen waren zuletzt »alt und lebenssatt«. Unsere Sehnsucht, unser Streben nach Vollkommenheit, unser Hunger nach unendlicher Liebe weist weit über unser irdisches Leben hinaus. Wir sind wie ein abgeschossener Pfeil, der sein Ziel sucht – aber nicht in einer unendlichen irdischen Zukunft, nein, in einer Seligkeit ohne Ende, in einer Herrlichkeit, »die kein Auge gesehen und kein Ohr gehört hat und die denen bereitet ist, die Gott lieben«.

Freilich, da schleicht sich die Furcht vor dem Tod ein. In welcher Gestalt wird er kommen? Wie werden wir ihn bestehen? Als Kreatur, als endliche Geschöpfe fürchten wir das Unbekannte. Aber halten wir daran fest: Jesus Christus ist unser Bruder geworden, auch im Sterben und im Tod. Er ist uns vorausgegangen, er bahnt uns den Weg. Weil er an unserer Seite bleibt, gibt es keine Dunkelheit, in der nicht schon sein Licht leuchtet. Und es gibt keine Verlassenheit, in der uns sein gütiges, hilfreiches Geleit fehlen würde.

Und wie steht es mit unserer Furcht ob unserer Schuld und unseres Versagens? Gewiss, unsere Reue-Schmerzen über unaufhebbare Folgen unserer Sünden wären tödlich, wenn Gottes Liebe sie nicht heilte. Er verlangt keine vollkommenen Menschen; die Vollendung will er uns im ewigen Gottesreich schenken, will uns voll, will uns ganz machen. Aber was er will: Menschen, die an ihn glauben – auch und vor allem an seine Barmherzigkeit glauben.

Selbst in Menschen, die ihr Leben vertan haben, kann er Reue und Liebe wecken. Reue heißt: Absage an die Sünde, die Schuld. Reue entsühnt durch Gottes Barmherzigkeit; im Bußsakrament spricht uns der Herr diese Versöhnung zu. Der Weg ist frei für den Neubeginn – auch noch in der letzten Minute unseres Lebens. Der unvergessene »lächelnde Papst« Johannes Paul I. hat in einem Brief über die Hoffnung Folgendes geschrieben: »Es ist nie zu spät: Gott ist der Vater des verlorenen Sohnes, der uns entdeckt, wenn wir noch so weit entfernt sind, der von Rührung überwältigt wird, uns entgegenläuft, uns um den Hals fällt und uns küsst. Wir dürfen uns nicht von einer schlechten Vergangenheit abschrecken lassen. Die Fehler der Vergangenheit werden in der Gegenwart zu etwas Gutem, wenn sie uns dazu bringen, die Heilmittel für unsere Besserung zu suchen. Sie werden zu Juwelen, wenn wir sie Gott schenken; denn er freut sich, wenn wir ihn um Verzeihung bitten.«

Was die tiefe Angst betrifft, die so viele bei Tag und erst recht in schlaflosen Nächten bedrückt, so darf ich Ihnen beteuern: Die Ostersonne vermag auch noch die finsterste Nacht zu erhellen. Gerade wir Christen sollten nicht nur ans Sterbenmüssen, sondern mehr noch an die Auferstehung denken. Unser Ende wird erst der eigentliche Anfang der Vollendung sein. Gott gibt den, der ihm gläubig vertraut, nicht der Verwesung preis. Durch Jesus Christus, den Auferstandenen, ist der Tod durch das Leben überwunden. Darum dürfen die Todesgedanken uns nicht beherrschen. Ein aus unserer Diözese stammender Abt vom Kloster Mariawald erzählte mir: Die Trappisten, diese strengsten Ordensleute, grüßen sich am Aschermittwoch mit dem Mahnwort: Memento mori. Doch an Ostern lautet ihr Gruß siegessicher: Memento vivere! – Gedenke, dass du leben wirst!

Ostern ist mir letzthin recht sinnfällig nahe gekommen durch einen eigenartigen Bericht, den mir die Oberin einer Schwesternkongregation gab. Eine ganz einfache, von den anderen wenig beachtete Schwester war gestorben. Sie hinterließ nur geringe Habseligkeiten, darunter einen abgegriffenen Zettel mit einem persönlichen, sorgfältig geschriebenen Gebet. Als sie aufgebahrt in der Kapelle lag, geschah eine geradezu österliche Offenbarung: Die Schwester wurde von Stunde zu Stunde schöner. Sie war ein leibhaftiger Anruf an die Zurückgebliebenen: Freue dich auf das künftige Leben. Gedenke, dass du lebst; gedenke, dass du das Leben hast durch den Auferstandenen; denke daran, dass wir nicht existieren, um zu sterben, sondern um zu leben.

Liebe Senioren, ich sage Ihnen nichts anderes, als was ich selber glaube und im Blick auf Jesus Christus erhoffe. Der Sinn meines Briefes wäre erfüllt, wenn Sie ab und zu einmal einen Abschnitt daraus vornähmen, um in Ruhe darüber nachzudenken – und wenn Ihnen daraus Frieden, neuer Mut und vertieftes Vertrauen erwüchsen. Die vielen von Ihnen vertraute Bitte an den Herrn des Lebens: »Verlass mich nicht, wenn ich alt und grau geworden bin«, aus Psalm 71 steht unter der Verheißung: Gott ist uns Zuflucht bis ins Alter. Bewahren Sie diese Gewissheit des Glaubens auch in schweren Tagen und in dunklen Stunden. Und sagen Sie's Gott täglich in dankbarer Hingabe: O Herr, auf dich vertraue ich! Dann wird auch Ihr Älterwerden zum immer wieder erneuten Beginn.

Gerne trete ich betend für Sie ein und danke Ihnen noch einmal für alle Treue und Liebe in der Gemeinschaft der Kirche. Meinen

Segenswunsch möchte ich mit dem Apostelwort aussprechen: »Der Gott der Hoffnung aber erfülle euch mit aller Freude und mit allem Frieden im Glauben, damit ihr reich werdet an Hoffnung in der Kraft des Heiligen Geistes« (Röm 15,13).

In herzlicher Verbundenheit grüße ich Sie!
Rottenburg am Neckar, am Fest Kreuzerhöhung, dem 14. 9. 1980

Ihr
+ Georg Moser
Bischof

Christliche Ehe und Familie

Ansprache beim Regionaltag in Rottweil am 19. Februar 1978
(gekürzt)

Die Beschlüsse der Rottenburger Diözesansynode wurden zu Pfings-
ten 1986 von Bischof Moser bestätigt. Ein Ergebnis ist die Verant-
wortung der Kirche für Familien in »besonderen Konstellationen«
und die Empfehlung, Begegnungsmöglichkeiten und Integration zu
fördern. Viele Vorbehalte gab es damals vornehmlich gegenüber
Geschiedenen und Wiederverheirateten sowie ledigen Müttern.
Diese resultierten in der Distanz von Familien zur Kirche. Die Syn-
ode bat daher die Deutsche Bischofskonferenz, verstärkt nach
Lösungen für »nicht konforme« Familien zu suchen, damit diese
auch am sakramentalen Leben der Kirche teilhaben können. Die
besondere Verantwortung für Ehe und Familie mit dem Ziel, Ehe-
leute und Familien wieder verstärkt anzusprechen und eine umfas-
sende »Kultur des Sonntags« wiederzugewinnen, machte Bischof
Moser schon beim Regionaltag am 19. Februar 1978 in Rottweil
deutlich. Diese grundsätzlichen Aussagen von Bischof Moser zum
Thema »Ehe und Familie« sind nach wie vor hochaktuell. Vor dem
Hintergrund der gesellschaftlichen Diskussion über die »Ehe für
alle« wird deutlich, dass das christliche Verständnis von Ehe und
Familie in der heutigen Gesellschaft nicht mehr mehrheitsfähig ist.
Die Entwicklung einer Familienpastoral, die sich an der Lebens-
wirklichkeit heutiger Familien orientiert, ist für unsere Kirchenge-
meinden von existentieller Bedeutung.

Ich erachte es für meine Pflicht, mich innerhalb der Familienpoli-
tik zum Anwalt der Familien zu machen. Geprägt von Vergangenheit und Gegenwart, ist die Familie auf Zukunft hin offen. Das
heißt: Wir können uns nicht nach Leitbildern von vorgestern rich-
ten; wir müssen an die Familie von heute und morgen denken.

Wir haben ein unüberhörbares Ja zur Familie und zur ehelichen
Partnerschaft, zur familialen Erziehung und Lebensgemeinschaft

zu sprechen. Dieses Ja hat heute geradezu Bekenntnischarakter. Ich zitiere uns einen Grund-Satz von Adolph Kolping: »Bei der Familie fängt die Heilung an, und da muss sie anfangen, weil die Familie die Wiege der Menschheit ist, weil die Familie die erste Erzieherin der Menschheit ist.«

Wenn wir beobachten, wie die Kinder bereits in den vergangenen Jahren in der Öffentlichkeit und in immer neu reformierten Schulsystemen den Kürzeren gezogen haben, dann müssen wir sagen: Es ist um des Kindes willen allerhöchste Zeit zu einer Kehrtwendung! Die Neubesinnung, die jetzt in der Pädagogik, in den Gesellschaftswissenschaften und auch in der Religionspädagogik begonnen hat, zeigt, wie unentbehrlich tragfähige Fundamente sind für das Gelingen von menschlichem Glück und für den Aufbau der Familie. Das besagt natürlich auch – und daran muss man immer wieder erinnern –, dass die Familien einen umfassenden Rechtsschutz brauchen. Menschlichem Leben, seiner Bewahrung und seinen Entfaltungsmöglichkeiten muss genügender Schutz geboten werden.

Bei aller intensiven Bemühung um die Stellung, die Anerkennung und den Freiheitsraum der Familie sollten und dürfen wir Christen immer wieder neu erfahren, was es um die Größe des Ehesakraments als Kern der Familie ist. Partnerschaft und Familienaufbau müssen wir im *Licht unseres Glaubens* sehen. Eheliche Partnerschaft ist nicht ein krampfhaftes Abenteuer einsamer Menschen, die sie, die Partnerschaft, eben einmal in ihrem eigenen Namen mit all ihren Grenzen riskieren.

Wenn wir Christen davon sprechen, dass Jesus Christus der Dritte im Bunde ist, dann bezeugen wir doch damit, dass Gott selber zu diesem gemeinsamen Lebensweg und zu dieser Familiengründung sein Ja gesagt hat. Vergessen wir nicht: Die Ehe ist »nicht nur Zeichen und Symbol der Liebe Gottes, sie ist wirksames Zeichen, erfülltes Symbol, wirkliche Vergegenwärtigung der in Jesus Christus erschienenen Liebe Gottes« (W. Kasper). Von daher lässt sich durch Gebet und schöpferische Einfälle, durch Fest und Kommunikation das Familienleben vom Ursprung her erneuern. Daraus ergibt sich auch die Folgerung, dass *Ehe- und Familienpastoral* zuerst durch die Familien, durch die Ehepartner selber geschieht. Sie sind nicht nur Objekte, sie sind vielmehr Subjekte der Seelsorge.

Familienpastoral muss noch viel mehr geöffnet werden in dem Sinne, dass auch eigene Erfahrungen eingebracht werden. Wenn die junge Generation kritische Anfragen und offene Meinungen ausspricht, dann sollten wir darin keine peinliche Panne sehen, nein, es ist ein notwendiger Anreiz, diesen Fragen miteinander nachzugehen. Nur so bilden wir eine lebendige und gemeinsam verantwortliche Kirche, die eine Kluft zwischen Amtsträgern und Laien verhindert.

Ein Wunsch, der sich anschließt, wäre der, dass wir uns noch sehr viel stärker um die Entwicklung einer zeitgemäßen *Familien-Spiritualität* bemühen. Es dürfte schwer sein, alte Formen der geistigen und geistlichen familiären Lebendigkeit mit neuem Leben zu erfüllen. Jede Familie muss heute auch ihren eigenen Stil und ihre persönlichen Formen von geistigem Leben entwickeln. Die Gemeinsame Synode der Bistümer in der Bundesrepublik hat die Familien dazu ermuntert, »erfinderisch zu sein in der Suche nach zeitgemäßen Formen von Spiritualität, die beiden Generationen entsprechen« (Beschluss: Christlich gelebte Ehe und Familie, 2.4.2). Und Hans Schroer schreibt: »Vielleicht müssen wir zunächst einmal in unseren Familien ein Klima schaffen, in dem man sich lösen kann von einer rationalisierten Leistungswelt. Wo die Schule zum Alpdruck, die Berufswelt zum Stress und der Verkehr zur nervenaufreibenden Hektik werden, ist es von elementarer Bedeutung, in und mit der Familie neue Möglichkeiten des Spieles, des Sportes und des gemeinsamen Erlebens zu schaffen, in dem man losgelöst – sich loslassen könnend – zu sich selber und zum Nächsten kommt.« Die Familie muss der wahre *Ort der Freiheitsentfaltung* sein oder immer mehr werden.

Wenn wir unverzagt, ohne uns von phrasenhaften Ideologien der Gegenwart verwirren zu lassen, darum bemüht sind, die Familie von innen her, von den Verheißungen Gottes und vom Ja Christi

her zu erneuern, dann brauchen wir um die Zukunft nicht zu ban-
gen. Die Familie bleibt die große Schule unseres Lebens und der
Liebe, die wir gerade in unserer gesellschaftlichen Eiszeit so dringend nötig haben. Die Familie wird es bleiben, trotz aller Schwächen, die ihr da und dort und allezeit anhaften. Es gibt kein anderes Modell, das sich um so große Liebe verdient gemacht hat.

»Von der Friedensbotschaft Jesu in Pflicht genommen«

Der politische Bischof

Die Amtszeit von Bischof Georg Moser war wesentlich geprägt durch sein gesellschaftspolitisches Engagement in Wort und Tat. Er hat sich nicht nur in Predigten und Ansprachen für Frieden, Gerechtigkeit und Bewahrung der Schöpfung eingesetzt, sondern auch Aktionen und humanitäre Hilfen für benachteiligte und verfolgte Menschen veranlasst. Dieses Engagement entwickelte sich schon in seiner Zeit als Akademiedirektor, in der er die Dynamik der gesellschaftlichen Entwicklungen kennenlernte; und es verstärkte sich durch das Zweite Vatikanische Konzil mit seinem starken Impuls für eine größere Weltverantwortung der Kirche.

Bischof Moser besaß die außerordentliche Fähigkeit, gesellschaftliche Herausforderungen zu benennen und die Christen zu motivieren, sich mutig und ohne Berührungsängste für das Wohl und Heil der Menschen, hier in unserem Land und in anderen Erdteilen, zu engagieren. Das wurde zum Beispiel an seiner Initiative zur Aufnahme von Flüchtlingen aus Vietnam deutlich. Mit einer Großspende an Dr. Rupert Neudeck (»Ein Schiff für Vietnam«) leitete Bischof Moser die Aufnahme von vietnamesischen Flüchtlingen, darunter viele Katholiken, ein. Er sorgte auch dafür, dass die vietnamesischen Katholiken, die einmal als »Boat People« in unsere Diözese kamen, soziale Begleitung und einen vietnamesischen Priester erhielten und eine eigene Gemeinde bilden konnten. Derzeit leben 1.500 vietnamesische Katholiken in sieben Gemeinden hier und »sind eine religiöse und kulturelle Bereicherung für unsere Diözese«, wie Bischof Dr. Fürst 2017 bei einer Feier zum 40-jährigen Jubiläum mit den vietnamesischen Gemeinden sagte.

Noch eine Anmerkung zur Predigt »Bewohnen – Bewahren – Bebauen«: Als Bischof Moser am Vorabend des Blutfreitags 1984 in dieser vielbeachteten Predigt die Bewahrung der Schöpfung anmahnte, war noch nicht absehbar, welche politische Bedeutung diese Herausforderung weltweit bekommen sollte. Bischof Mosers Predigt kann man in der Rückschau als einen prophetischen Weckruf aus christlicher Weltverantwortung verstehen.

Gerhard Rauscher

Bewohnen – Bewahren – Bebauen

Festpredigt am Vorabend des Blutfreitags in Weingarten am
31. Mai 1984 (gekürzte Tonbandaufzeichnung)

*Selten hat eine Predigt von Bischof Georg Moser eine stärkere, nach-
haltigere Wirkung entfaltet als die folgende. Tausende von Gläubigen und Pilgern aus Oberschwaben – und weit darüber hinaus – ließen sich an diesem geschichtsträchtigen Ort des Glaubens von den
mahnenden Worten Bischof Mosers ergreifen. Er traf mit seiner
Mahn-Predigt den Nerv der Zeit; denn viele Zeitgenossen, nicht nur
»Die Grünen«, waren besorgt wegen der zunehmenden Umweltzer-
störung und dem »Waldsterben«. Ganz in der Tradition der Propheten öffnete Bischof Georg Moser seinen Mitbürgern die Augen für
die drohende Zerstörung der guten Schöpfung Gottes und stellte die
provozierende Frage: »Ist die Schöpfung nun erschöpft?«*

*Georg Moser ging nicht nur auf die ethischen und politischen
Implikationen der Bewahrung der Schöpfung ein, sondern er betonte
auch die kulturelle Bedeutung des ländlichen Raums und der Land-
wirtschaft.*

*Der besondere Ort der Predigt, die Basilika St. Martin vor der
grandiosen Kulturlandschaft des Bodenseeraums, verlieh den Aus-
führungen von Bischof Moser zur Bedeutung der bäuerlichen Familienbetriebe und der oberschwäbischen Glaubenstraditionen eine
besondere geistliche Tiefe und Eindringlichkeit. Es war eine große
Predigt am richtigen Ort, zum richtigen Zeitpunkt! Der christliche
Umgang mit Gottes Schöpfung erfüllt sich nach Bischof Moser in
dem »Dreiklang« von: Bewohnen – Bewahren – Bebauen.*

Dieser Abend des Festes Christi Himmelfahrt und der morgige
Tag stehen seit Jahrhunderten ganz im Zeichen der Heilig-Blut-
Reliquie und des Blutritts. Beim Ritt durch die Stadt und über die
Felder bitten wir um Gottes Segen und Schutz für Haus und Hof,
für die Gärten und Wiesen, die Äcker und den Wald. Wir beten
um Wachstum und Gedeihen der Früchte der Erde. Wir bitten um

Segen für das Werk unserer Hände und unseres Geistes, für unsere Arbeit auf Feld und Flur, in Familie und Beruf. Dies bitten wir Gott, den Schöpfer der Welt und Herrn des Lebens. Ihm gilt das Loblied des Psalmisten:»Herr, wie zahlreich sind deine Werke! Mit Weisheit hast du sie alle gemacht, die Erde ist voll von deinen Geschöpfen. Verbirgst du dein Gesicht, sind sie verstört; nimmst du ihnen den Atem, so schwinden sie hin und kehren zurück zum Staub der Erde. Sendest du deinen Geist aus, so werden sie alle erschaffen, und du erneuerst das Antlitz der Erde« (Ps 104,24.29–30).

Von der Schöpfung der Welt zu ihrer Erschöpfung?

Wie aber und wie sehr hat sich – in Absetzung von solchen Worten – im Laufe der Jahrhunderte dieses Antlitz unserer Erde verändert! Unsere Urahnen haben unter großer Mühe und mit viel Fleiß die Urwälder Oberschwabens gerodet und sie fruchtbar gemacht. Ihren Kindern und Kindeskindern haben sie fruchtbares Land hinterlassen und damit Lebensmöglichkeiten erschlossen; die haben dieses Erbe bewahrt und daran weitergearbeitet. Auch unsere Generation hat dieses Erbe übernommen; doch, so müssten wir heute fragen, was hinterlässt sie ihren Kindern? Ist es noch die von Gott gewollte Welt, in der wahrhaft menschliches Leben möglich ist? Die Stimmen mehren sich, die sagen, die Welt gehe den Weg von ihrer Schöpfung hin zu ihrer»Erschöpfung« (Mauricio Kagel). Gott hat die Welt erschaffen und haben wir Menschen sie nun geschafft? Uns dämmert immer mehr die Bedeutung der Welt als unserer Umwelt. Wir wissen die Müll- und Abfallhalden in unserer Umgebung. Wir wissen von den verseuchten Gewässern und vergifteten Böden. Wir erleben die Verschmutzung der Luft, sehen die Zerstörung unserer Landschaften. Ist die Schöpfung also nun erschöpft? Der Wald scheint nicht mehr mitzumachen. In vielen Gegenden unseres Landes stehen im Wald die Tannen und Fichten wie verbrauchte Christbäume im Februar.

Wir haben zwei Möglichkeiten, unsere Umwelt zu zerstören, und wir wählen offenbar beide gleichzeitig: Wir können die Natur derart belasten, bis sie unter dieser Last zusammenbricht; und wir können sie derart verbrauchen, bis sie erschöpft ist: das Wasser, die Rohstoffe, die Arten der Tier- und Pflanzenwelt, die Landschaft. Täglich verschwindet eine Landschaftsfläche von der Größe eines mittleren Bauernhofes. Die Natur läuft Gefahr, immer mehr aus dem Gleichgewicht zu geraten, und wir tun weithin immer noch so, als gehe uns das nichts an, als seien wir nicht selbst ein Teil der Schöpfung, als könnten wir ohne Umwelt oder auf ihre Kosten leben. [...]

Wir tragen Verantwortung

Kein anderes Geschöpf als der Mensch besitzt die Freiheit und die Macht zu schöpferischem und zerstörerischem Tun, die Freiheit und die Macht, die Umwelt zu entfalten oder aber sie zu ruinieren. Wir haben darum auch, in Freiheit, geradezustehen, wenn unser Verhalten, unser Tun und Lassen verhängnisvolle Folgen hat; wir haben den entstandenen Schaden wiedergutzumachen und für die Zukunft Vernunft und Verantwortung walten zu lassen. Wir können ohne unsere Umwelt und auf ihre Kosten nicht überleben. Was Albert Schweitzer einmal von sich selbst sagte, das gilt für uns alle: »Ich bin Leben, das leben will, inmitten von Leben, das auch leben will.« Die Natur ist nicht nur Werkzeug, Rohstoff oder Energiequelle, sondern unsere Lebenswelt.

Kein Mensch vor uns vermochte ohne Umwelt zu leben. Wir heute können dies nicht; und auch die nach uns kommenden Generationen werden nur in einer gesunden Umwelt überleben. Das heißt aber: Unser Umgang mit Gottes Schöpfung und Natur heute entscheidet über die Zukunft der Menschen mit. Unsere Sünden werden unsere Kinder und Enkel büßen. Unsere Welt ist nämlich auch ihre Welt. Wir dürfen ihnen statt eines Gartens weder eine Müllkippe noch ein Ödland hinterlassen. Engagierte

Umweltschützer haben einmal am Abgaskamin einer Chemiefirma ein Spruchband entrollt. Darauf war zu lesen: »Erst wenn der letzte Baum gerodet, der letzte Fluss vergiftet, der letzte Fisch gefangen ist, werdet ihr feststellen, dass man Geld nicht essen kann.«

Meine Schwestern und Brüder, das sind keine spleenigen Sonderideen irgendeiner Minderheit, die man getrost auch übersehen könnte. Im Gegenteil: Die seit langem zäh und hartnäckig auf die Gefährdung der Umwelt aufmerksam gemacht haben, den unbequemen Mahnern von verschiedensten Seiten und Lagern, gilt heute unser Dank. Auch der alttestamentliche Schöpfungsauftrag: Macht euch die Erde untertan!, meint kein Recht zu hemmungsloser Ausbeutung oder Zerstörung der Natur. Gott übergibt vielmehr seine Schöpfung uns zu treuen Händen in die Verantwortung also des Menschen, den er nach seinem Bild und Gleichnis geschaffen hat, damit er die Erde bebaue, damit er sie betrachte und pflege, damit er für sie sorge und sie im rechten Sinne gebrauche.

Schauen wir auch ins Neue Testament! Schauen wir auf Jesus, den Erstgeborenen der ganzen Schöpfung, wie der Kolosserbrief ihn nennt. »Denn in ihm wurde alles geschaffen im Himmel und auf Erden... alles ist durch ihn und auf ihn hin geschaffen. Er ist vor aller Schöpfung, in ihm hat alles Bestand« (Kol 1,16.17). Wie verhält sich Jesus zur Natur, zur Umwelt? Er weist seine Jünger hin auf die Vögel des Himmels und die Lilien auf dem Felde; von ihnen sollten sie das Vertrauen lernen in die Hilfe und Sorge des himmlischen Vaters. Jesus spricht vom Sämann, dessen Körner auf den Weg fallen, auf felsigen Boden, in die Dornen oder aber auf guten Boden; und er sagt, so sei das auch mit der Verkündigung des Reiches Gottes. Jesus warnt seine Jünger vor falschen Propheten angesichts eines Baumes; wie einen guten oder schlechten Baum, so erkenne man die Propheten an ihren Früchten. Es ist ein vertrautes, ein warmherziges, ein liebevolles Verhältnis zur Schöpfung, das aus der Verkündigung Jesu spricht. Kein Wunder: denn Jesus geht es nicht nur um die Seele, es geht ihm immer um den ganzen

Menschen und damit auch um die sinnenhafte und leibhaftige Welt. [...]

Drei Bereiche: Technik – Politik – der Einzelne

Was ist also zu tun? Es gibt – vielleicht auch hier – Pessimisten, die apokalyptische Visionen künden; es gibt – vielleicht auch hier – Optimisten, die weiter blind dem freien Spiel der Kräfte vertrauen. Wer eine Krise verharmlost, legt genauso tatenlos die Hände in den Schoß wie der, der sich unausweichlich der Katastrophe ausgeliefert sieht.

Eines haben die Entwicklungen der vergangenen Jahre und Jahrzehnte überdeutlich gemacht: Eine Technik ohne Ethik können wir uns nicht weiterhin leisten. Umweltprobleme sind nicht rein technischer Art. Sie sind eine Frage menschlichen Denkens und menschlicher Verantwortung. Wir dürfen nicht alles, was wir können. Denn mehr technische Möglichkeiten bringen nicht automatisch auch ein Mehr an Lebensqualität.

Wissen und Technik dürfen sich weniger denn je isolieren und eben für sich so weitermachen wie bisher. Mir scheint, dass das Gespräch zwischen den verschiedenen Wissenschaften und der Ethik dringend stattfinden muss. Ich erinnere an die Möglichkeiten und die faktischen Schritte etwa der Gen-Manipulation. Uns wird noch Hören und Sehen vergehen, wenn wir hier nicht eine verantwortungsbewusste, menschliche Ethik ins Spiel bringen und in unseren Problemfeldern zuerst fragen, was zu verantworten bleibt, bevor wir etwas hervorbringen und es danach nicht brauchen oder bereuen. Fortschritt um jeden Preis ist kein menschenwürdiges Ziel.

Eine Wirtschaft, die Überfluss produziert ohne Rücksicht auf die Armen der Dritten Welt, muss sich entschieden korrigieren lassen. Tierversuche hören da auf vertretbar zu sein, wo sie unnötige Tierquälerei werden und vielleicht nur einigen Karrieristen dienen. [...]

Ich weiß, dass sich hier ein ernstes Problem auftut – an die Politik und die Politiker. Die Politik ist keine Sklavin neuester wissenschaftlich-technischer Errungenschaften. Der technologische Fortschritt ist eben kein Selbstzweck; er gibt nur Sinn, wenn er dem Menschen in seiner Lebenswelt dient. Die Frage lautet: Wollen wir, was wir können? Wir können so vieles; unsere Möglichkeiten sind dabei, uns über den Kopf zu wachsen, und manchem sind sie auch schon in den Kopf gestiegen. Kein Fortschritt ist umsonst zu haben. Immer wieder neu erhebt sich also die Frage: Ist es sinnvoll, den Preis zu zahlen, den jede neue Entwicklung fordert? Sind wir bereit, die Risiken jedes neuen Schrittes auch zu tragen, und können wir das auch verantworten? Unverantwortlich wäre, gedankenlos oder bedenkenlos jedem neuesten Schrei auf den Leim zu kriechen.

Dies alles sind Fragen an die Politik, der wir Verantwortung nicht absprechen, sondern zutrauen. Vordringlich jedoch ist die Frage: Wie können wir schnell und gründlich den bereits angerichteten Schaden beheben, wie können wir Versäumnisse wiedergutmachen? Der Grad der Gefährdung unserer Umwelt, der uns anvertrauten Schöpfung Gottes muss auch die Maßnahmen bestimmen, die zu ergreifen sind. Ich bin überzeugt, Politiker werden unpopuläre Entscheidungen treffen und sie werden sie gegen anders gerichtete Interessen durchsetzen müssen; und wir müssen diese Entscheidungen mittragen, auch wenn das teuer zu stehen kommt. Wir dürfen nicht glauben, wir könnten uns in einer modernen Welt um das Opfer dauernd herummogeln. Nachträglich eine kranke Natur zu heilen, das ist allemal teuer. Politiker haben Verantwortung auch über den nächsten Wahltag hinaus. Bäume haben zwar keine Stimme; aber wenn sie alle tot sind, ist mehr gestorben als nur der Wald. Auch Fische haben keine Stimme; doch wenn sie tot sind, sind auch unsere Gewässer mitgestorben.

Und der Einzelne? Sie und ich – sind wir zum Zuschauen verurteilt, die wir kein Kraftwerk betreiben und keine Säure in die Weltmeere kippen? Und mancher fragt sich vielleicht, was bringt es, wenn ich allein etwas tue? Was wenige beitragen können, scheint nicht viel zu sein. Doch wenn viele das wenige tun, ergibt das einen gewichtigen Beitrag, viel Schaden wird dann vermieden. Ohne die Bereitschaft der vielen Einzelnen stoßen alle Bemühungen derer, die Verantwortung tragen, ins Leere. Meine gesunde Ernährung ist wichtig, mein verantwortlicher Umgang mit Lebensmitteln. [...]

Auf meine Haushaltsführung kommt es an, auf meinen Energie- und Wasserverbrauch. Mein aufwendiger oder aber bescheidener Lebensstil entscheidet mit über unsere Zukunft. [...]

Meine Schwestern und Brüder, das Thema Schöpfung, so hat es mir ein unvergessener Lehrer der Theologie, Theodor Steinbüchel, einmal in einem Gespräch vor rund 30 Jahren gesagt: »Das Thema Schöpfung wird so dringlich werden, weil wir die Wurzeln zum Schöpfer abgeschnitten haben.« [...]

Den ländlichen Raum nicht allein lassen

Und noch ein Gedanke zum Schluss: Nirgendwo ist man der Natur näher als gerade in den ländlichen Gebieten. Nirgendwo ist der Kontakt zu Gottes Schöpfung unmittelbarer als hier. Dass darum der ländliche Raum eine Oase des Lebens bleibe, muss die Sorge und die Mühe aller wert sein, Die schönen Pferde und die herausgeputzten Geschirre beim morgigen Blutritt sind nur die Schokoladenseite des Bauerntums. Der ländliche Raum geht auch alle Städter an, und er ist in einem gewaltigen Wandel begriffen und er hat große Probleme. Die überschaubaren Lebensverhältnisse des Dorfes mit der Kirche, dem Rathaus und der Schule in ihrer Mitte sind immer weniger gegeben. Die Abwanderung junger Leute in die Stadt und die Ballungsgebiete macht den Dorfgemeinden schwer zu schaffen. Dörfliche Strukturen drohen zu verfallen. Die Zukunft der bäuerlichen Familienbetriebe ist ungewiss. Kleinere Bauernhöfe sind in ihrer Existenz nach wie vor gefährdet.

Und auch hier geht es nicht nur um wirtschaftliche Belange. Hier geht es um Lebensmöglichkeiten; und gerade in diesem Raum hier wissen wir, was wir unseren Bauern und ihrem gesunden Familienleben zu verdanken haben; auch was das kirchliche und das geistliche Leben anlangt! [...]

Bewohnen – Bewahren – Bebauen – Beten

Meine Schwestern und Brüder, wir bewohnen die Erde, wir haben nur die eine, und auch die nach uns kommen, haben keine Alternative. Sie soll uns weiterhin Lebenswelt bleiben, nicht Todeswelt. Die uns leben lässt, diese Erde müssen wir bewahren, heute für morgen. Diese Erde ist uns aber auch aufgetragen, damit wir sie bebauen, mit wahrer Kultur kultivieren. Dieser Dreiklang von Bewohnen, Bewahren und Bebauen muss unterfangen bleiben von der Grundmelodie des Betens, vom Beten zu Gott, dem Geber aller Gaben.

Pax Christi – der Name verpflichtet

Auszüge aus der Abschiedsansprache von Bischof
Dr. Georg Moser bei der Delegiertenversammlung in Würzburg
am 8. November 1981 (gekürzt)

Im Jahr 1972 wurde Weihbischof Dr. Georg Moser zum Präsidenten der deutschen Sektion der internationalen Friedensbewegung Pax Christi gewählt. In diesem Amt, das er bis November 1981 ausübte, war er immer wieder gefordert, zu brisanten politischen Themen Stellung zu nehmen. So schrieb er zum Beispiel am 5. Februar 1977 an den damaligen Bundeskanzler Helmut Schmidt und übersandte ihm die Stellungnahme von Pax Christi zur »Folgekonferenz über Sicherheit und Zusammenarbeit in Europa (KSZE)«.

Besonders aufmerksam wurden die Bemühungen der Deutschen Bischofskonferenz um die Aussöhnung zwischen deutschen und polnischen Katholiken verfolgt. Im April 1974 war Weihbischof Georg Moser als Pax Christi-Präsident der Einladung der polnischen Bischofskonferenz unter Leitung von Primas Stefan Kardinal Wyszynski nach Polen gefolgt. Die Delegation von Weihbischof Moser, zu der auch der damalige Präsident des Deutschen Caritasverbandes Prälat Georg Hüssler gehörte, führte Gespräche mit polnischen Bischöfen und Laien. Besonders ergriffen waren die deutschen Delegationsmitglieder von der Besichtigung des Vernichtungslagers in Auschwitz. Noch Jahre später, in seiner Abschiedsrede vor der Delegiertenversammlung in Würzburg, erwähnte Bischof Moser, wie ihn in Auschwitz der Abstieg in die Todeszelle von Maximilian Kolbe bewegt hat. Das im Jahr 1973 gegründete Maximilian-Kolbe-Werk hat Bischof Moser gefördert, sodass verschiedentlich polnische Überlebende des KZ-Lagers in Auschwitz in unserer Diözese zu Erholungsmaßnahmen aufgenommen wurden, die vom Caritasverband organisiert waren.

Als Pax Christi-Präsident wurde Bischof Moser zu Fragen der Rüstung und der Waffenlieferungen durch die Bundesrepublik gefragt. Dabei hat er sich nicht gescheut, auch dieses politische

»Minenfeld« zu betreten. Er hat zwar plakative Formulierungen vermieden, aber dennoch klar Position bezogen; zum Beispiel in einem Interview am 15. 1. 1981 mit dem Südwestfunk Baden-Baden. Auf die Frage nach der Position der deutschen Bischöfe zu Waffenexporten der Bundesrepublik nach Saudi-Arabien, Oman und viele Länder der Dritten Welt antwortete Bischof Moser:

»Wir werden nicht zu jeder Einzelheit Stellung beziehen... Aber prinzipiell möchte ich sagen zu diesem Waffenhandel: Ich fürchte, dass wir durch den Waffenhandel die armen Menschen in der Welt noch mehr schädigen und dass wir die militärischen Spannungen in einer unverantwortlichen Weise aufheizen. Wenn Sie etwa Saudi-Arabien erwähnen – was ja durch die Zeitungen geht –, dann möchte ich nur fragen, welche Wirkungen das auf Israel haben sollte. Ich bin der Auffassung, die Bundesrepublik darf schon von ihrer Geschichte her keinesfalls zur Waffenschmiede für andere Länder werden.«

Bischof Moser betonte immer wieder den Zusammenhang von Entwicklung und Frieden und bezog sich dabei auch auf die Enzyklika »Pacem in Terris« (1963) von Papst Johannes XXIII. Im Rahmen seiner Begegnung mit Erzbischof Dom Hélder Câmara in unserer Diözese anlässlich des Weltfriedenstages 1986 fanden zu diesem Thema intensive und in der Öffentlichkeit sehr beachtete Gespräche statt (vgl. S. 187).

Die Erziehung zum Frieden und die Einübung des Friedens – auch in der Kirche – war Bischof Moser sehr wichtig. Das hat er als Pax Christi-Präsident immer wieder betont. So hat er in der Versammlung 1978 in Nürnberg die Delegierten, die heftig um interne Positionen stritten, ermahnt: »Auch hier gilt es, den Frieden konkret zu machen in unserer nächsten Umgebung, auch unter uns, ja auch in unserer eigenen Bewegung. Wenn in der Friedensarbeit Konflikte offengelegt und ausgetragen werden sollen, und zwar so, dass die Spielregeln des menschlichen Umgangs nicht verletzt werden, so gilt das natürlich in erster Linie für uns als Pax Christi-Mitglieder. Wir müssen überzeugend vorleben, was es heißt, einander friedlich zu begegnen. Der Name Pax Christi verpflichtet!«

Bischof Moser hat nicht nur als Präsident die Pax Christi-Frie-
densarbeit geprägt; auch er selbst wurde in den neun Jahren seiner
Amtszeit geprägt. Dies bringt er in seiner sehr bewegenden
Abschiedsrede am 8. November 1981 in Würzburg zum Ausdruck;
wenn er zum Beispiel die zahlreichen Begegnungen mit Laien und
Bischöfen in Polen erwähnt.

Lassen Sie mich zunächst sagen, dass ich in dieser Stunde, die nicht
besonders wehmütig ist, die aber vielleicht doch eine kleine Zäsur
in der Geschichte von Pax Christi bedeutet, gerne und dankbar
zurückdenke. Ich erinnere mich und Sie an jenen gemeinsamen
Gottesdienst in Münster mit Kardinal Döpfner und Bischof Tenhumberg. Bei der damaligen kleinen Abschiedsbegegnung sind
Worte gefallen, die mich nachdenklich gemacht und mich gleichzeitig eingeführt haben in den Geist von Pax Christi, wie er in Kardinal Döpfner und auch Bischof Tenhumberg lebendig war. Ich
war damals gar kein Bewerber um das Amt des Präsidenten von
Pax Christi gewesen; Kardinal Döpfner hat mich sehr nachdrück-
lich – unsere junge Generation würde sagen: schlicht autoritär –
dazu gedrängt. Hinter seinem Drängen und hinter seinen Worten
stand aber Vertrauen, und in diesem Vertrauen habe ich versucht,
diese Arbeit zu beginnen und auch zu tun. [...]
Sehen Sie meinen Rücktritt von der positiven Seite. Jeder Wechsel hat auch seine Vorzüge, denn der neue Mann hat einen anderen
Stil, andere Qualitäten, er bringt frisches Leben und neue Perspek-
tiven mit ein. Doch auch ich habe – wie seinerzeit Kardinal Döpfner – gesagt: Ich denke nicht daran, mit der Aufgabe dieses Präsi-
dentenamtes auch eine Art Abschied von der Friedensarbeit zu
nehmen. Das Thema Frieden ist viel zu bedeutsam, viel zu drän-
gend, geradezu lebenswichtig, sodass ich mich ihm nicht entziehen
darf und will. Als Bischof bin ich sowieso von der Friedensbotschaft Jesu in Pflicht genommen, sodass es gar keine legitime Dis-
pens davon geben kann.
Auf irgendwelche Hintergründe meines Rücktritts zu spekulie-
ren, ist überflüssig. Ich sage das in aller Aufrichtigkeit und Offen-

heit. Es geht mir darum, einige Kräfte wieder mehr für die vielfältigen Aufgaben innerhalb unserer Diözese Rottenburg-Stuttgart frei zu bekommen.

Ich habe keinen Rückblick geplant, möchte aber zwei Elemente in besonderer Weise hervorheben: die Begegnungen mit den polnischen und mit den französischen Freunden. Ich habe eigentlich nur dank Pax Christi Polen sehr frühzeitig kennenlernen dürfen und hatte beglückende und beunruhigende, mich umtreibende Begegnungen dort. Diese Begegnungen sind mir nachgegangen, und ich muss sagen, die Arbeit, die daraus gewachsen ist, etwa der Kontakt mit der Znak-Gruppe scheint sich doch auch in der jetzigen Entwicklung fruchtbar zu erweisen. Wir wissen noch nicht, was mit Polen wird, müssen unsere polnischen Freunde jedenfalls weiterhin begleiten und an ihrer Seite stehen. Der Brückenschlag, der sich zwischen den Polen und uns und umgekehrt ergeben hat, ist eine ganz großartige Wirklichkeit, etwas, worüber wir uns von Herzen freuen können, und ich weiß, dass in Polen der Name Pax Christi einen guten Klang hat. Ich habe das nicht nur vom einstigen Primas Kardinal Wyszynski und anderen Bischöfen, darunter auch Kardinal Wojtyla, ausdrücklich gehört. Auch nachdem der Erzbischof von Krakau Papst geworden war und ich das erste Mal als Bischof zu ihm kam, fragte er mich sogleich nach Pax Christi, danach, ob die deutsch-polnischen Beziehungen weitergehen, ob wir einander kennen, ob es Schwierigkeiten gäbe, ob wir einander helfen könnten.

Ich halte es für das Beeindruckendste, dass wir bei verschiedensten Begegnungen Menschen erleben dürfen, die uns vergeben haben, die uns vorgelebt haben, was das heißt, eine Geschichte der furchtbarsten Belastungen zurückzustellen vor einer neuen Zukunft des gegenseitigen Verständnisses, der Liebe und der Freundschaft. Ich habe noch in wacher Erinnerung, als wir hinuntersteigen wollten zur Todeszelle von Maximilian Kolbe und einer der Priester, die uns begleitet hatten, sagte: »Ich schaffe das nicht, mit hinunterzugehen, gehen Sie doch mit der Gruppe weiter.« Ich habe ihn dann gefragt, warum er nicht mitkomme, und er meinte:

»Hier unten sind sechs meiner Geschwister ums Leben gekommen; ich kann diese Räume nicht mehr betreten.« Trotzdem war er einer der freundlichsten, liebenswürdigsten und aufmerksamsten Begleiter während der ganzen Reise. Solche Erlebnisse machen konkret, was Pax Christi heißt. Da geschieht Neuanfang, da ist Initiative für die Zukunft enthalten. Ich möchte den polnischen Freunden, und darf das sicher auch in Ihrem Namen tun, Dank sagen und immer wieder neu unsere Bereitschaft erklären.

Ein Zweites: Ich habe mit den französischen Freunden immer mehr Kontakt gefunden. Pater Manfred und ich waren dieses Jahr noch einmal bei Kardinal Gouyon, dem französischen Pax Christi-Präsidenten, und haben viele Freunde von Pax Christi dort kennengelernt. Ich muss immer wieder gerade auch die Jüngeren daran erinnern, was das für uns bedeutet: Wenn man nach Frankreich fährt, kommt man an unglaublich vielen Friedhöfen vorbei, auch an Äckern, wo längst keine Kreuze mehr stehen, die wieder umgepflügt wurden und in Wirklichkeit doch auch Friedhöfe sind, wo deutsche und französische Väter liegen, die dort im Kampf gegeneinander verblutet sind. Heute leben wir miteinander, heute planen wir miteinander. Lassen wir gerade auch die französischen Freunde spüren und erfahren, dass wir das nicht als Selbstverständlichkeit betrachten, sondern beleben wir diese Kommunikation, indem wir sie einladen und mit ihnen zusammenkommen.

Was Pax Christi nun selber anlangt, was soll ich Ihnen sagen? In dieser Woche habe ich meinen Vorgänger, Bischof Carl Joseph Leiprecht, in unserer Bischofsgruft beigesetzt. Ich war bei ihm noch vor ganz kurzem, als wir Abschied nahmen. Später war ich dann noch einmal bei ihm, aber ein Wort ist mir besonders im Gedächtnis geblieben, das er an jenem Abend ausgesprochen hat, als er selber meinte, jetzt gehe seine Kraft endgültig zu Ende. Dieses Wort möchte ich nun Ihnen sagen, speziell für Pax Christi. Ganz kurz heißt es: Haltet zusammen und bewahrt den Glauben!

Meine lieben Pax Christi-Freunde!

Ich sehe in aller Nüchternheit die Gefahr, dass sich kleine und gelegentlich auch einander nicht mehr sonderlich verbundene

Grüppchen, Restgrüppchen oder Richtungsgrüppchen herausbilden könnten. Haltet zusammen. Wir brauchen eine Gemeinschaft, die verwurzelt ist in diesem einen Glauben der Kirche und die dadurch auch erst kraftvoll wird, die dadurch erst wird überzeugen können. Wenn Friedensforscher einem sagen, dass der Kompromiss, das Aufeinanderzugehen, einfach notwendige Friedenselemente seien, müssen auch Sie selber daran denken, gerade auch im Gefälle der Generationen und zwischen verschiedenen Mentalitäten. Es ist gar nicht das Schlimmste, wenn es in einer Gemeinschaft Zerreißproben gibt. Das Schlimmste ist, wenn von verschiedenen Seiten dann mit irgendwelchen Absolutheitsansprüchen Sezessionen beginnen.

Denken Sie bitte – da spreche ich nun die Jüngeren an – an die einigende Kraft, die unter sehr schwierigen Bedingungen damals am Anfang die ersten Freunde von Pax Christi zusammengebunden hat. Ich habe es erleben dürfen, wie zum Beispiel Vizepräsident de Schmidt in seiner ungemein engagierten Art immer wieder gemahnt hat zur Einheit, was ja nicht Uniformität bedeutet, sondern dass man miteinander auf einem gemeinsamen Boden steht. Haltet zusammen, bewahrt den Glauben! Er ist der Boden, auf dem wir stehen.

Hier ist auch der Ort, ein anderes noch wenigstens als Frage anzuschneiden, weil es mir so oft in der vergangenen Zeit zugetragen wurde, als Frage, als Kritik, auch als Protest. Wir müssen uns wirklich ernsthaft fragen, wie weit Möglichkeiten des Paktierens gehen. Es muss gefragt werden, was den Menschen, die von einer ganz anderen Orientierung herkommen und mit einer ganz anderen geistigen Richtung und Absicht auftreten, Pax Christi bedeuten kann. Das Wort von den Menschen guten Willens, das wissen Sie alle, ist schwer zu definieren; auch ich weiß das, gerade deshalb muss man fragen, miteinander ringen, wie weit das gehen darf, ohne dass das Genuine von Pax Christi womöglich unbemerkt und ungewollt verlassen wird. Ich sage Ihnen das in aller Offenheit als eine Sorge, von der ich nur die Hoffnung habe, dass Sie sie bedenken und dass Sie sie miteinander ernst nehmen. [...]

Ich möchte nochmals allen danken und Sie gleichzeitig bitten: Arbeiten Sie in Offenheit mit dem Präsidium und mit dem noch jungen und so gern in seiner Arbeit stehenden Vizepräsidenten zusammen. Ich hoffe, Sie gehen gemeinsam mit Weihbischof Kampe einen guten – und nun sage ich das im vollen Sinn dieses Wortes gerade im Blick auf die komplexe Friedensproblematik – und gesegneten Weg.

Ich will euch Zukunft und Hoffnung geben

Predigt beim Pax-Christi-Gottesdienst auf dem Katholikentag in Freiburg am 16. September 1978

Heute erleben wir ein apokalyptisches Ausmaß an weltweiter Waffenanhäufung: Rechnet man die Waffenvorräte in der ganzen Welt auf die Weltbevölkerung um, dann kommen auf jeden einzelnen Menschen fünfzehn Tonnen herkömmlichen Sprengstoffs. Die USA und die UdSSR besitzen so viele Waffen, dass sie die Bevölkerung des anderen Landes wechselseitig etwa fünfzigmal töten können.

Der Prophet Jesaja spricht in der ersten Lesung dieses Tages von einem »Volk, das im Dunkel lebt« (Jes 9,1). Er meinte Israel, das in zwei Kriegen besiegt und dessen Bevölkerung nach Babylon verschleppt worden war. Wandelt aber die heutige hochgerüstete Menschheit nicht erst recht in Finsternis? Sie wandelt in einer Nacht der Bedrohung, in der kein Stern mehr aufscheint in dauerhaftem Glanz. Der Prophet fährt jedoch fort: »Das Volk, das im Dunkel lebt, sieht ein helles Licht.« Und er spricht davon, dass die dröhnenden Stiefel der Soldaten und die blutgetränkten Kriegsmäntel endgültig verbrannt und die Werkzeuge des Todes zu friedlichem Gebrauch umgeschmiedet werden. Am Anfang steht die Erfahrung schrecklicher historischer Umstände; am Ende steht die beflügelnde Hoffnung auf eine neue, eine befreiende Zukunft. Doch Jesaja ist kein Träumer, wenn er behauptet: Das Volk, das im Dunkel lebt, hat noch etwas zu erwarten – eine Zukunft, auf die zu freuen und für die einzusetzen sich lohnt. Jesaja erweist sich als gläubiger Realist mit seiner Überzeugung:

Die Welt ist noch veränderbar. Er stimmt hierin überein mit seinem Kollegen Jeremia, der Gottes Heilszusage verkündet: »Ich will euch Zukunft und Hoffnung geben.«

Friede ist Geschenk Gottes

Gott selbst verheißt uns den Frieden. Er schenkt uns den Grund und die Zuversicht dazu, Vorkämpfer für den Frieden zu sein. In Jesus Christus ist er unser Friede geworden und hat sich uns friedvoll zugewandt. Durch Jesus Christus löschte Gott unsere Schuld aus; durch ihn hat er den »Schuldschein, der gegen uns sprach«, zerrissen. Gott vergibt uns Menschen, wenn wir uns auch von ihm abkehrten und untereinander in Feindschaft verfielen; er vergibt uns trotz Hass und Ungerechtigkeit. Alle Schuld ist ans Kreuz Christi geheftet. Gott hat den Menschen angenommen. Er verfährt mit uns nicht nach den Regeln der Gesetzlichkeit, die unerbittlich Auge um Auge und Zahn um Zahn fordern: Seine Gerechtigkeit offenbart sich als Barmherzigkeit und als Verständnis für uns. Er gewährt uns Versöhnung und schenkt uns durch Christus Frieden.

Friede ist Aufgabe der Christen

Jesus bringt nicht nur den Frieden; er verlangt von den Beschenkten auch in aller Dringlichkeit, dass sie ihn, den Frieden, vervielfachen, hinein in ihre eigene Welt. So ruft Jesus die Seinen zur Gewaltlosigkeit auf: »Leistet dem, der euch etwas Böses antut, keinen Widerstand« (Mt 5,39). Heißt das, dass wir Christen vor dem Unrecht kapitulieren müssen und in die Passivität gestoßen sind? Jesus verharrt nicht in der Negation, er zeigt den positiven Weg: »Wenn dich einer auf die rechte Backe schlägt, dann halte ihm auch die andere hin« (Mt 5,39). Dem, der Böses tut, sollen wir nicht mit gleicher Münze heimzahlen; wir sollen uns nicht selbst auf den Weg des Bösen begeben. »Auch die andere Backe hinhalten« – das will besagen: Du kannst mich nicht zum Bösen verleiten und zu deinem Gegner machen. »Auch die andere Backe hinhalten« – das ist eine Herausforderung an den Täter, dass er sich die Wirkungslosigkeit seiner bösen Tat bewusst macht und umkehrt. Es ist eine

Herausforderung zum Dialog. Durch Gewaltfreiheit sollen wir den Kreislauf von Gewalt und Gegengewalt zu durchbrechen versuchen; das Gute sollen wir nur mit guten Mitteln anstreben.

Der Apostel Paulus beschreibt diese Grundhaltung kurz so: »Lass dich vom Bösen nicht besiegen, sondern besiege das Böse mit dem Guten« (Röm 12,21). Kommt diese Forderung, den Weg der Liebe und der Gewaltlosigkeit zu gehen, nicht einer Überforderung gleich? Darauf kann ich Ihnen mit einem Beispiel antworten: Es war in einer Großstadt in der Vorweihnachtszeit des letzten Jahres. Eine junge Frau wollte gerade im leeren Parkhaus ihr Auto öffnen, da stand plötzlich ein Mann mit Strumpfmaske und Pistole vor ihr. Sie erschrak, aber sie hielt stand und sprach ein paar vernünftige, nicht unfreundliche Sätze, sah dabei den Mann an und bewahrte Ruhe. Daraufhin ließ dieser die Pistole sinken, zog den Strumpf vom Gesicht und gestand: »Ich wollte ja, dass Sie schreien... Ich bin eben aus dem Gefängnis entlassen. Ich finde keinen Anschluss, ich wollte wieder ins Gefängnis über Weihnachten.« Die Frau lud dann den Mann zu einem Bier ein. Es entstand ein Kontakt, der ihm weitergeholfen hat. Die Liebe siegte...

Die erste Stufe des Friedens bildet die Liebe im eigenen Herzen, die dem anderen mehr Sorge zuwendet als sich selbst. Reinhold Schneider sagte: »All das Grauen in dieser Welt ist nur ein Spiegelbild unseres unversöhnten und friedlosen Herzens.«

Zur Welt, die wir verändern können, gehört vorweg die eigene Familie. An dieser ersten und untersten Schwelle, in der es Frieden zu bewahren oder zu erringen gilt, führt nichts vorbei. Friede lebt aus persönlichen, spontanen Antrieben. Er lässt sich nicht von oben planen oder befehlen. Er muss sich von unten entfalten, privat, intim, in kleinem Kreis, phantasievoll und beharrlich. Dazu bedarf es der Bereitung des Herzens, der Reform des Ich. Das Herz, das Ich läutert sich zwar nur unauffällig, in einem langsamen Prozess. Jedoch einzig hierin, in der Befriedung im Kleinen, liegt die Chance, dass wir Unfrieden auch im Großen überwinden, dass Konflikte sich beruhigen, Stätten und Zeiten des Friedens entstehen.

Darüber hinaus aber – und das weiß Pax Christi sehr wohl – sind wir als Volk des Friedens dazu verpflichtet, Einfluss zu nehmen auf die Friedenspolitik. Mit dem Zweiten Vatikanischen Konzil müssen wir unaufhörlich vor einem Rüstungswettlauf und einem militärischen Abschreckungssystem warnen. »Der Mensch ist heute zum Frieden verurteilt, wenn er nicht zur Katastrophe verurteilt sein will«, so beteuerte Erzbischof Casaroli anlässlich des diesjährigen Weltfriedenstags bei den Vereinten Nationen. Treten wir mit allen Kräften dafür ein und beten wir inständig darum, dass die Verantwortlichen in aller Welt Wege finden, die zum Frieden führen, ohne auf das viel erörterte ›Gleichgewicht des Schreckens‹ auszuweichen, das die Ursachen und Gefahren eines Krieges eher noch vergrößert. Auch wenn wir die großen Anstrengungen um den Frieden und die geringen Erfolge betrachten, dürfen wir keine müden Skeptiker werden. Ins Gelobte Land kommt nur, wer eine lange und mühsame Wüstenwanderung durchhält...

Rupert Mayer – ein politischer Seelsorger

Pater Rupert Mayer SJ (1876–1945), in Stuttgart geboren, war Priester der Diözese Rottenburg-Stuttgart und wirkte u.a. als Seelsorger in München. Wegen seines unerschrockenen Widerstands gegen die Nazi-Machthaber wurde er mehrmals verhaftet; zeitweise war er im KZ Sachsenhausen. Bischof Georg Moser hat ihn als vorbildlichen Seelsorger und mutigen Glaubenszeugen sehr verehrt und brachte dies in verschiedenen Ansprachen im Jahr der Seligsprechung 1987 zum Ausdruck.

Unbeirrbar und ohne verdrossen zu werden, half er den Mitmenschen, wo immer er konnte. Wenn man ihm Vorhaltungen machte, seine Hilfsbereitschaft könne missbraucht werden, entgegnete er: »Wer noch nie ›angeschmiert‹ wurde, der hat auch noch nie etwas Gutes getan.«

Pater Rupert Mayer war jedoch nicht nur darauf bedacht, materielle Not zu lindern, obwohl solche Hilfe für ihn wesentlich zur Sicherung einer menschenwürdigen Existenz gehörte. Noch tiefer quälte ihn die geistige Verarmung und Verelendung der Menschen. Er erkannte den zunehmenden Glaubensverlust und die drohende Loslösung des modernen Menschen von seinem Ursprung: die Entfremdung von Gott und damit auch vom wahren Selbst. Deshalb griff er aktiv in die weltanschaulichen Auseinandersetzungen seiner Zeit ein. Allen totalitären und menschenverachtenden Ideologien hielt er entschieden die Grundsätze des katholischen Glaubens entgegen. Schon in den frühen Zwanzigerjahren hat er den Nationalsozialismus entlarvt, als dieser seine antisemitische Fratze ebenso zu zeigen begann wie den Hass gegen Kirche und Christentum. Über seinen Münchner Wirkungskreis hinaus gab Pater Rupert Mayer damit in finsteren Zeiten Tausenden, die verunsichert und verängstigt waren, geistige und geistliche Wegweisung.

»Werde, der du bist«
Der geistliche Schriftsteller

Die geistlichen Texte aus der Feder von Bischof Moser verweisen auf das tiefe Verständnis des Seelsorgers für Freude und Leid, Hoffnung und Grenzerfahrungen, Kämpfe und Trost im Leben der Menschen. Georg Moser schreibt in seinem Programm zum Amtsantritt als Bischof: »In unseren Tagen scheint dies zum Dringlichsten zu gehören, dass der Mensch die große Verheißung seines Lebens erfährt, die Zusage nämlich: Hinter dir steht einer, der weiß von deinem Hunger nach Leben und von deiner Sehnsucht nach unzerstörbarer Freude – und er wird deinen Hunger stillen, deine Sehnsucht erfüllen. Wenn auch die Rätsel unseres Lebens sich nicht einfach auflösen, so erhalten wir doch durch ihn (Christus) die Kraft, sie zu ertragen und nicht der mörderischen Resignation zu verfallen...«

Quer durch alle Fragen und Situationen im Leben der Menschen spürte der Seelsorger Georg Moser die Sehnsucht nach Antworten und Trost der Menschen. Er konnte zuhören, verstehen und dann in Wort und Schrift trostreich und lebensnah, weiterführend und segensreich in seinen meditativen Texten darauf eingehen. Eigene und Leidenserfahrungen anderer Menschen, Ereignisse in den Familien, Fragen der Kranken und vieler Menschen, die unter der Last des Lebens zu leiden hatten, Anliegen in Briefen und Gesprächen, die an ihn herangetragen wurden, inspirierten den geistlichen Schriftsteller und Bischof. Trotz aller belastenden Themen zog sich die Deutung von Freude im Leben und Glauben wie eine Leuchtschrift durch sein Wirken. Er besaß die wohltuende Gabe, Mitmenschen mit seiner Freude anzustecken. Er liebte manchen lustigen Witz und nette Episoden, weil er sich und andere gern zum Lachen brachte. Dies und viele humorvolle Momente in Begegnungen sorgten für Entspannung und bleiben als Mosers Markenzeichen in Erinnerung. »Humor ist der Doktorhut des Glaubens«, war ein gern verwendetes Zitat, das er selbst zu leben pflegte.

Seine geistlichen Schriften lagen und liegen bei vielen Menschen griffbereit in der Nähe, weil sie Gültigkeit haben.

Rolf Seeger

Werde, der du bist!

Neulich las ich die Geschichte von einem Mann, der im Wald einen jungen Adler gefangen hatte. Er nahm das Tier mit nach Hause, setzte es zu seinen Hühnern und gab ihm nur Hühnerfutter zu fressen. Nach einigen Jahren besuchte ihn ein Freund. Als sie miteinander durch den Garten gingen, bemerkte der Gast: »Der Vogel dort ist ja kein Huhn; es ist ein Adler.« – »Ja«, sagte der Mann, »das stimmt. Aber ich habe ihn zu einem Huhn erzogen. Niemals wird er mehr fliegen.« Der naturkundige Freund widersprach. Er nahm den Adler, hob ihn in die Höhe und sagte feierlich-beschwörend: »Der du ein Adler bist, dem Himmel gehörst und nicht dieser Erde: Breite deine Schwingen aus und fliege.« Der Adler blickte um sich. Als er aber die Hühner nach den ausgestreuten Körnern picken sah, sprang er zu ihnen hinunter. »Siehst du«, sagte der Mann, »er ist wirklich ein Huhn geworden.« Doch der Freund gab nicht so schnell auf. Am nächsten Tag nahm er den Adler mit, weit weg von der Stadt an den Fuß eines Berges. Es war ein wundervoller Morgen, die Sonne strahlte. Wiederum hob er den Adler empor. Das Tier blickte umher, zitterte, als sei es von neuem Leben erfüllt, breitete seine Flügel aus, flog höher und höher und kehrte nie wieder zurück.

Ein sprechendes Bild für das menschliche Leben! Wir müssen erst werden, was wir sind. Wir sind keine fertigen Menschen. Unser Leben soll sich entfalten. Wir sind uns selbst zur Menschwerdung aufgegeben und brauchen Menschen, die uns dabei helfen. »Werde, der du bist!«, lautet seit der Antike ein Grundwort aller Ethik. Wir dürfen uns nicht damit zufriedengeben, Tag für Tag die Körner unseres Wohlstands zu picken, und darüber vergessen, dass wir zu Höherem berufen sind. Selbstverwirklichung wurde in den letzten Jahren zum Schlagwort. Kein Zufall! Es drückt den Protest aus gegen das nach allgemeinen Regeln genormte gesellschaftliche Leben. Es richtet sich gegen vielerlei modischen Stumpfsinn, gegen die Banalität einer bloßen Konsumgesellschaft. Wir wollen nicht nur angepasste Rollen spielen! Wir selber wollen wir sein, indem wir unsere Fähigkeiten entfalten. Dazu aber bedarf es der Entschlossenheit. Wer sich ängstlich oder bequem mit dem zufriedengibt, was sich ihm zufällig anbietet, verkümmert im Hühnerhof des Alltags. Selbstverwirklichung ist keine harmlose Sache, die ohne Anstrengung und Mühsal erreichbar wäre. Ihr stehen vielerlei Hindernisse von außen und innen entgegen. Niemand hat da unbeschränkte Vollmacht. Aber keinen gibt es, der nicht auch seine Möglichkeiten hätte. Denn Gott, aus dessen Hand jeder von uns hervorging, erschuf uns keinesfalls als Funktionäre im Betrieb, als Markenartikel, nicht als Patientengut, nicht als Schülermaterial oder Arbeitstiere. So kommt alles darauf an, dass wir beharrlich, zielstrebig und geduldig unser eigenes Lebensprogramm suchen und in die Tat umsetzen. Dabei sollten wir uns weder zu viel zumuten noch zu wenig zutrauen. Wir müssen es wagen, unsere Freiheit wahrzumachen, indem wir bereit sind zu immer neuem Anfang und Aufbruch.

•••

Wenn Ängste dich befallen

Die Angst geht um wie eine Epidemie. Von verschiedenen Ängsten ist die Rede: von Daseinsangst, Existenzangst, Zukunftsangst. Manchen Zeitgenossen kommt die Verängstigung wie eine Mode vor. Doch Ängste können jeden befallen – nicht nur die anderen. Wir sollten sie weder leugnen noch hinnehmen wie eine Schlechtwetterperiode. Wir müssen vielmehr lernen, mit der Angst richtig umzugehen.

Dürfen wir überhaupt Angst haben? Oder ist das ein Armutszeugnis, eine verwerfliche Schwäche? Nun, wir haben eben Angst. Dürfen wir aber auch Angst haben als Christen, die wir ja an die Schöpfung als Gottesgabe glauben und an einen Vater im Himmel, der sich in Jesus Christus als Liebe geoffenbart hat?

Auch gläubigen Christen bleibt die Angst nicht erspart. Man denke nur an die Apostel. »Aus Furcht vor den Juden«, so heißt es im Johannes-Evangelium (20,19), hatten sie nach dem vermeintlichen Scheitern ihres Meisters die Türen hinter sich verschlossen. Der Mut des Petrus reichte gerade bis in den Hof des hohepriesterlichen Palastes. Dort verleugnete er aus Angst seinen Herrn dreimal. Als Menschen haben wir Angst. Auch der Sohn Gottes hat sie als Gottmensch angesichts des Kreuzes durchlitten. »Er hat wie wir als Mensch gelebt«, kündet das vierte Hochgebet der Eucharistiefeier, »in allem uns gleich außer der Sünde.«

Seien wir also ehrlich und lassen wir unsere Angst zu. Worum es zunächst geht, ist nicht angstfrei, sondern angstfähig zu werden. Wenn wir die Angst nämlich verdrängen, nehmen wir uns die Chance, richtig damit umzugehen. Wenn wir so tun, als hätten wir keine Angst, sie also tabuisieren, dann verschließen wir jedes Mal gleichsam eine Kammer unserer Seele; und der Raum, in dem wir uns frei bewegen, wird eng und enger. Die Angst besetzt immer mehr Kammern, macht sich in uns breit und beginnt uns zu lähmen. Die Freude erstickt. Uns geht allmählich der Atem aus. – Öffnen wir deshalb besser Kammer für Kammer und gewinnen wir dadurch Freiheit und Zuversicht zurück! Nur wer seine Angst annimmt, kann sie durchstehen und schließlich überwinden.

Jawohl, auch der Christ leidet unter Angst. Wer an Gott glaubt und an die Erlösung durch Jesus Christus, der führt keine Sonderexistenz über den Niederungen unserer Welt. Selbst die Heiligen kennen keine Schleichwege oder Abkürzungen, auf denen sie sich an der Angst vorbeimogeln könnten. Es gibt für uns kein Patentrezept, wie wir der Angst entkommen, keine Garantie, die sie uns ersparen würde. Aber, und dies ist das Entscheidende: Wir wissen uns von Gott nicht alleingelassen. Wir glauben ihn an unserer Seite. Wir vertrauen auf seine Gnade und Kraft. Er ist uns näher, als wir uns selber sind. Er liebt uns. Aus Liebe hat er uns ins Leben gerufen. Darum hat die Angst nicht das letzte Wort.

Die Bibel berichtet in einer Fülle von Zeugnissen, wie Menschen auf Gott vertrauen und wie dieses Vertrauen sich bewährt. So berichtet der Verfasser des 40. Psalms: »Ich hoffte, ja ich hoffte auf den Herrn. Da neigte er sich mir zu und hörte mein Schreien. Er zog mich herauf aus der Grube des Grauens, aus Schlamm und Morast. Er stellte meine Füße auf den Fels, machte fest meine Schritte. Er legte mir ein neues Lied in den Mund, einen Lobgesang auf ihn, unsern Gott. Viele werden es sehen, sich in Ehrfurcht neigen und auf den Herrn vertrauen« (Ps 40,2–4).

Überwinde die Blickverengung

Angst macht uns kraftlos und erstickt jegliche Initiative. Sie verschüttet oder vergiftet die Quellen der Freude und Zuversicht. Sie lässt uns nur noch um uns selber kreisen, lastet dunkel auf uns und schließt uns in uns selber ein.

Doch das muss nicht so sein. Was hilft dagegen? Ein Zweifaches möchte ich nennen: ein weiter Blick und ein offenes Herz. Doch wie weitet sich unser Blick und was öffnet unser Herz?

Angst und Hoffnung scheinen auf eigenartige Weise zusammenzugehören wie zwei ungleiche, gegensätzliche Geschwister: Schwindet die Hoffnung, hat die Angst ihre quälende Stunde; sie weicht erst, wenn sich die Hoffnung erneuert. Mag sein, dass diese es heute besonders schwer hat. Das könnte dann bedeuten, dass wir eben nur umso tiefer graben müssen, damit unsere Hoffnung einen festen, tragfähigen Grund gewinnt. Das könnte heißen, dass wir entschlossen und geduldig die ungewöhnlich vielen Steine wegräumen müssen, um die Quellen der Hoffnung freizulegen.

Vielleicht müssen wir in Zeiten der Angst einfach mehr Tauben aussenden als Noah, bis uns eine von ihnen den frischen Olivenzweig der Hoffnung zurückbringt.

Noch etwas: Das Heute kann uns bedrohlich eng werden. Danken wir darum für das Gute und Gelungene am vergangenen Tag und denken wir an das Erfreuliche, das wir heute und morgen erwarten. Erinnern wir uns der schönen Stunden, die uns geschenkt sind. Wir alle befinden uns auf dem Weg. Angst hemmt den Schritt. Machen wir uns neu auf. Der erste Schritt mag viel Kraft kosten, der zweite aber geht schon leichter.

Suche und schenke Gemeinschaft

Wenn Leute anderen von ihrer Angst berichten, dann verwenden sie oft das Bild vom Tunnel: ringsum finstere Nacht, kein Spalt in Sicht, durch den ein Lichtstrahl ins Dunkel fallen könnte. Angst wirft uns auf uns selber zurück; je tiefer wir uns darin verstricken, umso auswegloser kommt sie uns vor.

Doch wo wir von der Angst reden, müssen wir auch die Hoffnung erwähnen. Was meint eigentlich Hoffnung? »Hoffnung – eine immer offene Haustür, ein Garten ohne Zaun ... und ich ohne Angst«, so singt Bettina Wegner in einem ihrer Lieder. Wir müssen Ausschau halten nach Türen, die ins Freie und Helle führen. »Hoffnung – eine immer offene Haustür ...«

Wir alle brauchen Gemeinschaft. Unsere Freude sucht Mitfreude, denn geteilte Freude bringt doppelte Freude. Aber auch unsere Angst bedarf der Gemeinsamkeit; wer seine Angst mitteilt, merkt bald schon, dass er die Last mit einem anderen teilt. Vieles wird leichter, wenn man aussprechen kann, was einen bedrückt, worunter man leidet, worüber man fast verzweifelt. Wie oft erleben Seelsorger, dass sie in einer schwierigen Lage noch um das rechte Wort ringen, während der Gesprächspartner sich bereits bedankt – allein fürs Zuhören, das ihm wohlgetan und geholfen hat.

Wir suchen Gemeinschaft und sind dankbar, wo immer wir sie finden. Zugleich müssen wir aber unsererseits Gemeinschaft anbieten, eigene Türen öffnen, wo immer wir können. Vielleicht haben wir selbst schon aus Enttäuschung Türen zugeschlossen oder sie gar verärgert zugeschlagen.

Tun wir sie wieder auf! Fast alle Missverständnisse, die wie Mauern zwischen uns stehen und Gemeinschaft verhindern, lassen sich klären und bereinigen. Auch Schuld muss uns nicht immer voneinander trennen; arbeiten wir sie auf und versuchen wir zu verzeihen! Wagen wir es, dabei den ersten Schritt zu tun! Wie viele zwischenmenschliche Beziehungen sind lediglich wegen Lappalien zerbrochen – eigentlich nicht wert, dass man sich ernsthaft und auf Dauer darüber aufregt. Wer Gemeinschaft auch selbst anbietet und nicht nur sucht, der wird für andere zu einem Zeichen der Hoffnung, zu einem Helfer heraus aus der Angst.

Hoffnung – eine immer offene Tür! Der Evangelist Johannes überliefert uns ein Wort Jesu, das viel zu wenig beachtet wird. Jesus bekennt von sich:»Ich bin die Tür; wer durch mich hineingeht, wird gerettet werden; er wird ein- und ausgehen und Weide finden« (Joh 10,9). Ja, er gewinnt Frieden und Freude, Hoffnung und Leben. Jesus Christus bedeutet für uns die Tür, die nicht trennt, sondern verbindet, die nicht verschließt, sondern neue Wege eröffnet: Wege zu sich selbst, Wege zueinander, den Weg zu Gott, in dem allein die Hoffnung gründet, die nie trügt und deren Erfüllung uns verheißen ist: Leben in Fülle.

Jesus Christus ist für uns die offene Tür zum»Gott der Hoffnung« (Röm 15,13), weil Gott sich uns in ihm eröffnet, geoffenbart hat. Seither gilt Jesu Zeugnis:»Niemand kommt zum Vater außer durch mich« (Joh 14,6). Und niemals hat er seine Einladung zurückgenommen:»Kommt alle zu mir, die ihr euch plagt und schwere Lasten zu tragen habt. Ich werde euch Ruhe verschaffen« (Mt 11,28).

Baue auf verlässlichen Trost

Wer in der Angst steckt, dem genügen schöne Sprüche nicht; der will einen Ausweg finden, der braucht wahrhaften Trost. Worauf aber beruht wirklicher Trost, der den Geängstigten hilft? Trösten heißt, wie mir scheint, zunächst: dem anderen so beistehen, dass er es in der Angst aushalten kann. Wir müssen einander helfen, dass wir weder vor der Angst davonlaufen, noch dass wir sie betäuben, noch in ihr verzweifeln. Die Wirkung jeder Droge, auch Arbeitswut, Disco-Lärm oder Alkohol, lässt einmal nach, und die Angst ist wieder da. Trost muss uns helfen, mit ihr und trotz ihrer zu leben.

Trösten heißt aber auch: tätig helfen. Wer allein auf ein besseres Morgen verweist, ohne dass er etwa eine Besorgung für den kranken Nachbarn übernimmt, der vertröstet bloß. Noch einmal: Schöne oder tiefsinnige Sprüche allein tun's nicht. Eine glücklichere Zukunft entsteht nur, wenn wir die jetzt bedrängenden Ängste und Sorgen tatkräftig verringern. Wirklicher Trost macht Mut: Mut, gegen die Angst anzugehen, Mut, die angstvolle Situation zu verändern; Mut auch, die nötige Widerstandskraft zu entwickeln.

Angst muss ja unsere Kräfte nicht notwendig lähmen. Sie könnte auch der Anstoß sein, »uns zur konzentrierten Steigerung unserer Klugheit und Vernunft, unseres Willens und unseres entschlossenen Mutes aufzurufen, unsere Phantasie zu beflügeln, damit wir lösen, was unlösbar erscheint, uns selbst überwinden, unsere Schwäche abwerfen und neue Möglichkeiten zum Überleben entdecken« (Gertrud Höhler). Angst vor der Friedlosigkeit in der Welt müsste uns antreiben, Frieden und Versöhnung zu stiften, wo immer wir können. Angst vor der Politik dürfte nicht dazu führen, dass wir ihr den Rücken kehren. Und die Angst vor einer Entscheidung weicht erst, wenn diese getroffen ist.

Ungezählte Christen finden seither Trost im Blick auf das Kreuz Christi. Seit Gottes Sohn gelitten hat, sind Leid, Schmerz und Angst keine sinnlosen und trostlosen Zustände der Gottesferne mehr – sie sind Erfahrungen, in denen Gott zu finden ist. Gott hat das Kreuz seines Sohnes in der Auferweckung zum Zeichen des Heils gemacht. Er achtet unser Dasein so hoch, dass er es jetzt mit uns teilt und dereinst bei sich selbst vollenden will. Er fügt, wie er uns verheißen hat, die Scherben unserer Existenz in der Ewigkeit zu einem großartigen Mosaik zusammen.

Allein diese Gewissheit verbürgt letztlich einen Trost, der trägt. Anders würde sich jeder zeitliche Trost schließlich als Vertröstung entpuppen. Darum nennt der Apostel Paulus Gott den »Vater des

Erbarmens und den Gott allen Trostes« (2 Kor 1,3). Und er versichert: »Er tröstet uns in all unserer Not, damit auch wir die Kraft haben, alle zu trösten, die in Not sind, durch den Trost, mit dem auch wir von Gott getröstet sind« (2 Kor 1,4).

Vertraue der größeren Liebe

»Wer nur den lieben Gott lässt walten
und hoffet auf ihn allezeit,
den wird er wunderbar erhalten
in aller Not und Traurigkeit.
Wer Gott dem Allerhöchsten traut,
der hat auf keinen Sand gebaut.«

Auf wie viel Sand haben wir schon gebaut! Wohin wenden wir uns in unserer Not, wenn uns die Angst beschleicht? Manche versprechen sich durch Horoskope in den Zeitschriften Rettung aus ihrer Unsicherheit. Andere meinen, bei Hellsehern und selbsternannten Propheten verlässliche Orientierung zu finden. Wieder andere nehmen Zuflucht zu magischen Praktiken.

Dieses Lied aber, beginnend mit der Verszeile »Wer nur den lieben Gott lässt walten«, verweist uns auf Gott. Es stellt uns freilich nicht in Aussicht, dass wir von Not und Traurigkeit verschont bleiben. Aber es bestätigt die christliche Hoffnung: Gott lässt uns darin nicht zugrunde gehen, denn: »Wer Gott dem Allerhöchsten traut, der hat auf keinen Sand gebaut.«

Ein solches Vertrauen fällt gewiss nicht jedem leicht. Manchem hat sogar die Kirche selbst das herzhafte Vertrauen auf Gott erschwert. Immer wieder begegnen uns Christen, bei denen ein übermächtiges oder einseitig betontes Sündenbewusstsein die Freude, erlöst zu sein, beeinträchtigt. Angst vor Gott, vor dem zornigen Richter, der alles weiß und sieht und kontrolliert, verdrängt bei ihnen die frohe und befreiende Botschaft von Gott als dem Vater. Sie wagen es gar nicht mehr, Gott so zu sehen, wie ihn Jesus gerade uns sündigen Menschen verkündet und offenbar gemacht hat. Anstatt die auch ihnen in der Reue und im Bußsakrament angebotene Versöhnung dankbar anzunehmen, fühlen sie sich ausgeschlossen, wenn von der barmherzigen Liebe Gottes gesprochen wird. Doch aus bloßer Angst vor Gott kann man nicht leben; leben lässt uns die Liebe des himmlischen Vaters. Gott hat ja seinen Sohn gesandt, damit wir das Leben haben (vgl. Joh 10,10).

Das Lied fährt fort:

»Was helfen uns die schweren Sorgen,
was hilft uns unser Weh und Ach?
Was hilft es, dass wir alle Morgen
beseufzen unser Ungemach?
Wir machen unser Kreuz und Leid
nur größer durch die Traurigkeit.«

Kann man so sprechen? Anders gefragt: Kann man so *leben*? Sollen wir uns mit allem und jedem abfinden – und wäre dies nicht sogar sträflich? Nun, verdächtigen wir den Verfasser des Liedes nicht mit der Annahme, er sei eben ein Fatalist oder habe keine Ahnung von dem, was viele Menschen leiden! Nein, der Autor wusste genau, wovon er sang. Er schrieb sein Lied im 17. Jahrhundert, nur kurze Zeit nach dem verheerenden Dreißigjährigen Krieg. Georg Neumark, der Verfasser, hat die Schrecken und Ängste dieser Epoche selber durchgestanden. Er spricht aus eigenem Erleben, wenn er fragt: »Was helfen uns die schweren Sorgen, was hilft uns unser Weh und Ach?« In dieser Weise vermag er nur zu fragen – getrost und nicht verzweifelt –, weil er auf festen Grund gebaut und in bitteren Drangsalen erlebt hat, dass das Fundament trägt.

Sein Gottvertrauen schenkt ihm eine überlegene Freiheit. Davon spricht die letzte Strophe des Liedes:

»Sing, bet und geh auf Gottes Wegen,
verricht das Deine nur getreu
und trau des Himmels reichem Segen,
so wird er bei dir werden neu.
Denn welcher seine Zuversicht auf Gott setzt,
den verlässt er nicht.«

Lass dich los im Gebet

Ohne Zögern beteuere ich: Beten ist die beste Arznei gegen die Angst. Weshalb? Nun, die Angst verschließt uns, sie engt uns ein. Doch das Beten öffnet uns, führt uns in Tiefe und Geborgenheit. Die Angst verkrampft, während das Beten Spannungen löst; betend hören wir auf, nur um uns selber zu kreisen. Die Angst schnürt ein, das Beten befreit, richtet es doch unsere Augen auf Gott, von dem die Bibel bezeugt: Er »ist größer als unser Herz« (1 Joh 3,20).

Die Evangelien berichten von der entsetzlichen Angst Jesu am Ölberg. Jesus steht kurz vor seiner Verhaftung, an der Schwelle also, an der sein Lebensweg zum Kreuzweg wird. Der Verräter Judas ist, begleitet von Soldaten, schon unterwegs, und Jesus weiß dies. In seiner Angst kniet er nieder, um zu beten. »Sein Schweiß war wie Blut, das auf die Erde tropfte«, lesen wir im Evangelium des Lukas (22,44). Jesus betet: »Vater, wenn du willst, nimm diesen Kelch von mir! Aber nicht mein, sondern dein Wille soll geschehen« (Lk 22,42).

Jesus gelingt es, sich im Gebet loszulassen; er liefert sich in die Hände Gottes, seines Vaters, aus, gibt sich ganz dessen Willen anheim. So kann er die Schergen gefasst herankommen lassen und sie fragen: »Wen sucht ihr?« (Joh 18,7).

Uns gelingt solche Freiheit längst nicht immer. Sogar Petrus, der Apostel, versagt in seinem Vertrauen, als er über das Wasser geht, von seinem Meister angerufen: »Komm!« (vgl. Mt 14,22–33). Auf dem See überfällt ihn die Angst: um sich herum nur sturmgepeitschte Wogen, über sich den dunklen, schweigenden Himmel. Darf er auf Jesus bauen oder bleibt er doch allein in seiner Hilflosigkeit? Indem er zweifelt, beginnt er zu sinken. »Herr, rette mich«, schreit er in seiner Not, und Jesus streckt ihm seine Hand entgegen. Nachfolge Jesu vollzieht sich durchaus nicht immer heiterbeschwingt. »Müht euch mit Furcht und Zittern um euer Heil!« (Phil 2,12), mahnt Paulus die Gemeinde in Philippi. Auch die Gottesfurcht gehört zu den Gaben, mit denen der Heilige Geist unser christliches Leben beschenkt. Doch fließt diese Furcht nicht aus der Erfahrung gnadenloser Verworfenheit; ihr Zittern ist kein Ausdruck einsamer Verlorenheit in kalter Nacht. Es ist vielmehr die Ehrfurcht vor einem Gott, der – obgleich Mensch geworden – menschliche Maßstäbe unendlich übersteigt. Wäre er nur einer von uns, wie könnte er uns dann erlösen? Es ist ein mächtiger Arm, der uns hält, eine kraftvolle Hand, die uns trägt. Gottesfurcht gehört zu unserer Hoffnung wie für jenen Frommen des Alten Testaments, der schreibt: »Wer den Herrn fürchtet, verzagt nicht und hat keine Angst, denn der Herr ist seine Hoffnung. Wohl dem, der den Herrn fürchtet« (Sir 34,16–17).

Oft gleicht das Gebet einer Klage in der Not, einem Schrei im Leid. In äußerster Gefahr wandte sich Dietrich Bonhoeffer betend Gott zu und fand vor ihm Ruhe und Gelassenheit.

»Und reichst du uns den schweren Kelch, den bittern
des Leids, gefüllt bis an den höchsten Rand,
so nehmen wir ihn dankbar ohne Zittern
aus deiner guten und geliebten Hand.

Von guten Mächten wunderbar geborgen
erwarten wir getrost, was kommen mag,
Gott ist mit uns am Abend und am Morgen
und ganz gewiss an jedem neuen Tag.«

Gebete, die die Kraft haben, Angst zu lösen und zu verwandeln, kommen aus der Tiefe der eigenen Seele. In ihnen pocht das Herz.

Sie gehen einem nicht leicht über die Lippen; ein ganzes Menschenschicksal gibt ihnen ihr Gewicht. Es sind sehr persönliche, weil erlittene Gebete. Da kommt es nicht auf »schöne« Formulierungen an. Manchem wird es nur zu einem schwachen »Herr, erbarme dich« reichen. Und einem anderen hilft es, das Gebet eines Mitchristen nachzusprechen, der in der Lage war, seine Angst und sein Vertrauen in Worte zu fassen. Ein solches Gebet, das mir kostbar geworden ist, stammt von dem Gottesmann Charles de Foucauld, den 1916 Plünderer erschossen haben. Es lautet:

»Mein Vater,
ich überlasse mich dir,
mach mit mir, was dir gefällt.

Was du auch mit mir tun magst,
ich danke dir.
Zu allem bin ich bereit,
alles nehme ich an.
Wenn nur dein Wille sich an mir erfüllt
und an allen deinen Geschöpfen,
so ersehne ich weiter nichts, mein Gott.

In deine Hände lege ich meine Seele;
ich gebe sie dir, mein Gott,
mit der ganzen Liebe meines Herzens,
weil ich dich liebe
und weil diese Liebe mich treibt,
mich dir hinzugeben,
mich in deine Hände zu legen,
ohne Maß,
mit einem grenzenlosen Vertrauen;
denn du bist mein Vater.«

Wachsen am Kreuz

Meine Mutter bekam zu ihrem Namenstag eine Kletterpflanze geschenkt. Sie stellte sie in den Herrgottswinkel, und ich erinnere mich gut, wie diese Pflanze sich im Laufe der Zeit am Kreuz emporrankte. – Am Kreuz hinaufwachsen, das scheint mir ein gültiges Bild für unser menschliches Leben. Denn auch an unserem Lebensweg steht das Kreuz. Wir müssen Umwege in Kauf nehmen, Hindernisse überwinden, mit Straucheln und Stürzen rechnen. Ob wir am Kreuz wachsen können oder an ihm zerbrechen, daran entscheidet sich das Gelingen oder Scheitern unseres Lebens. Für jeden gilt die Herausforderung, am Kreuz zu wachsen. Denn ein Leben ohne Leiden ist in dieser Welt nicht in Aussicht; wer damit rechnet, verfällt einer Illusion. Der Psychologe Horst-Eberhard Richter räumt mit diesem Irrtum auf: »Der vollständige Mensch ist nicht, wie wir uns immerfort weismachen wollen, der ewig jugendliche Besitzer der höchsten Fitness, der unverwüstliche Supermensch, der sich gegen alle wissenschaftlich ermittelten Risikofaktoren feit, sondern das Wesen, das auch leiden und sterben kann.«

Das Kreuz gehört in die Mitte unseres christlichen Glaubens. Hier geht es keineswegs um eine ideologische Überhöhung des menschlichen Leidens. [...] Jesu Kreuz ist vielmehr die Konsequenz seiner umfassenden Liebe, die sogar Leiden und Tod auf sich nimmt. Viele scheuen das Bild des Gekreuzigten, weil es in erschreckender Weise ihre Vorstellungen von Glück und Erfolg durchkreuzt. Der Christ jedoch erkennt im Kreuz den Beweis dafür, dass sich Gottes Sohn total, ohne jeden Vorbehalt mit uns solidarisch erklärt hat. Hier, in der Hingabe seines Lebens bis in das Dunkel des Todes hinein, hier hat er das Elend der Menschen auf sich genommen. Hier hat er stellvertretend unsere Schuld getragen und sein Wort besiegelt, dass jeder zu ihm kommen dürfe mit seiner Mühsal und Last. Und weil auf die Schmach des Kreuzestodes die Auferstehung folgte, hat er unser Schicksal zur erlösenden Wende geführt. Nun kann er sagen: »Ich lebe, und auch ihr sollt leben.«

Seither ist das Kreuz für alle, die mit Vertrauen zu ihm aufschauen, der Lebensbaum geworden.

...

Nicht wir ›machen‹ die Kirche

Das Pfingstfest nennen wir den Geburtstag der Kirche. Jesu Leben und Wirken war nicht wie eine Sternschnuppe, die hell aufleuchtet und dann wieder erlischt. Seine Auferstehung und seine Heimkehr zum Vater beendeten die Heilstaten Gottes nicht. Sie gaben gleichsam den Weg frei für eine neue Wirksamkeit Christi im Heiligen Geist durch seine Kirche. [...] Wir können uns nicht eindringlich genug veranschaulichen, wie der Geist Gottes wirkt. Der Heilige Geist trägt und versammelt unsere Kirche. Nicht wir ›machen‹ die Kirche: nicht die Konservativen und nicht die Progressiven, weder die vielgescholtene Amtskirche ›von oben‹ noch die vielgepriesene Basis ›von unten‹, weder die Professoren noch die einfachen Gläubigen, weder die Linken noch die Rechten, weder die Aktivisten noch die Charismatiker.

Mit der Wahrheit, dass Gottes Heiliger Geist das Lebensprinzip der Kirche ist, haben sich Christen aller Zeiten schwer getan. Oftmals erlagen und erliegen sie der subtilen Versuchung, eigene Heilsvorstellungen mit dem Heiligen Geist zu verwechseln. Viele Einseitigkeiten machen uns heute zu schaffen. Sie fordern uns heraus zur Unterscheidung der Geister, zur Selbstkritik und zum Blick auf das ursprungsgemäße Ganze der Kirche. Bei alledem müssen wir uns aber daran erinnern, dass die Kirche immer hinter dem zurückbleibt, was Gottes Geist aus ihr machen will. Das gilt auch im ausgehenden zwanzigsten Jahrhundert, in dem uns der Vorwurf trifft, wir seien zwar im alten Europa eine wohlgeordnete Kirche, doch im Vergleich zu den Ortskirchen in anderen Kontinenten eine verbürgerlichte und erschlaffte Gemeinde Jesu.

Heißt das, alles zusammen genommen, Gottes Heiliger Geist sei daran, die Kirche zu verlassen? Oder besagt es vielleicht umgekehrt, dass wir dem Wirken des Heiligen Geistes zu wenig Raum geben? [...]

Löcher und Risse in den Segeln

Ich war in Bangladesch, einem der ärmsten Länder der Erde, doch reich an Gewässern. Was einem da sofort auffällt, sind die zahlreichen Boote. Ein Großteil des Verkehrs spielt sich auf dem Wasser ab. Und alle Fahrzeuge kommen voran. Sie bewegen sich fort, weil die Segel nach dem Wind ausgerichtet sind und die Boote sich von ihm treiben lassen. Mir sind diese einfachen Schiffe mit den geflickten oder auch löchrigen Segeln zu einem Bild geworden für uns westliche Menschen, auch für unsere Kirche. Sieht es nicht manchmal so aus, als hätten wir die Segel unseres Lebens bereits eingeholt, als stellten wir entmutigt fest: Mit solch zerrissenen Segeln kommen wir nicht mehr voran, es bewegt sich nichts, alle Anstrengungen sind doch vergeblich? Einige haben bereits aufgegeben, andere gar schon das Ziel aus dem Blickfeld verloren.

Erinnern wir uns: Wie ist der Heilige Geist eingebrochen in die verstörte und geduckte Versammlung der Jünger! Sollten wir nicht erneut unsere Segel hissen und sie nach dem Wehen dieses Geistes ausrichten? Wer sich bereitwillig dem Wehen des Gottesgeistes überlässt, der muss nicht vollkommen sein, sozusagen ohne Risse und Löcher in seinem Leben; der Geist Gottes bringt ihn schon voran, verwandelt ihn zu einem neuen Menschen.

In seiner Todeszelle hat Pater Delp Folgendes notiert: »Wir sind trotz des Geistes, der uns innewohnt, oft so müde und furchtsam, weil wir dem Geist Gottes nicht zutrauen, aus uns etwas zu machen. Wir glauben der eigenen Dürftigkeit mehr als den schöpferischen Impulsen Gottes, der in uns unser Leben mitlebt. Darauf kommt es an, auf das Vertrauen, dass wir immer noch geeignet sind, uns den schöpferischen Segnungen zu ergeben und unter diesen Segnungen erfüllte und lebenstüchtige Menschen zu werden.« Das gilt auch für unsere Kirche. Wir brauchen eine treibende Kraft, die Kraft des Heiligen Geistes. Wenn die Segel der Kirche schlaff und beschädigt herabhängen, dann suchen einige verzweifelt, jede Brise irgendeines Zeitgeistes aufzufangen. Andere wollen durch ihre eigene Puste das Schiff wieder in Fahrt bringen. Doch das Wunder, dass die Kirche trotz aller Schäden, trotz Fehlern und Löchern in ihren Segeln lebt und sich bewegt, verdankt sie allein dem Heiligen Geist: seinen Gaben, seinen Fingerzeigen, seinen Weisungen, seinen herausfordernden Anrufen, seinen oft schmerzlichen Korrekturen.

•••

Deine Angst ist ins Leuchten geraten

In einem ihrer späten Gedichte schrieb die schwergeprüfte jüdische Schriftstellerin Nelly Sachs:»Weine aus die entfesselte Schwere der Angst ... und ich lege deine Träne in dieses Wort: Deine Angst ist ins Leuchten geraten.«

Ein wahrhaft österlicher Text! Wir dürfen sie ausweinen, unsere Ängste, unsere Rätsel und Lasten. Wir brauchen den vielfältigen Schmerz des Alltags nicht zu verdrängen. Obwohl wir uns nicht in einer heilen Welt vorfinden: mitten in Bedrängnissen dürfen wir das Halleluja singen. Gestehen wir sie uns ruhig ein, die offenkundigen und stillen Leiden, die wir und andere erdulden: das Weinen unzähliger Kinder, den Hunger von Millionen, den Wahnwitz immer neuer Kriege, die gebrochene Treue so vieler Eheleute, den unbarmherzigen Neid im Konkurrenzkampf, die Verfolgung und Folterung wehrloser Bürger, die Ausweglosigkeit unheilbarer Krankheiten, die Untröstlichkeit über den Verlust eines geliebten Menschen, die Sinnlosigkeit schrecklicher Verkehrsunfälle und Naturkatastrophen – und nicht zuletzt unsere Angst vor einer ungewissen Zukunft, vor beruflichem Scheitern, vor dem Älterwerden und der Einsamkeit, unsere Angst vor dem Tod. All das bedrückt uns. Aber es ist Ostern geworden und dadurch – durch den Sieg Christi über den Tod, durch diesen für uns geschehenen Durchbruch zum Leben – ist unsere Angst und alles, was sie uns auflädt,»ins Leuchten geraten«, in neues, heilendes Licht gerückt.

Ich denke an die Memoiren der fast neunzigjährigen Rose Kennedy. Sie gebar neun Kinder. Die Tochter Rosemary wurde geisteskrank. Drei Söhne starben eines unnatürlichen Todes. Joseph verunglückte 1944 bei einem Flugzeugabsturz. John, der amerikanische Präsident, wurde 1963 von einem Attentäter erschossen. Robert ereilte fünf Jahre später das gleiche Schicksal. Kurz darauf starb ihr Mann. Wie kann man das alles verkraften? Frau Kennedy schreibt:»Oft vollziehe ich den Kreuzweg Jesu in der Kirche nach und knie vor jeder einzelnen Station. Ich sehe, wie Jesus auf diesem Weg dreimal stürzt, niedergedrückt von der körperlichen Erschöpfung und dem Gewicht des Kreuzes, wie er aber seinen Weg dennoch ohne zu klagen weitergeht. Der Gedanke, dass, ebenso wie Jesus Christus auferstanden ist, auch mein Mann und meine Söhne auferstehen und mit mir glücklich vereint sein werden, ohne dass wir uns je wieder trennen müssen, gibt mir neue Kraft und neuen Mut. Mein Geist wird erfrischt, das Herz wird froh, und ich danke Gott für meinen Glauben an die Auferstehung, während ich versuche, mir die Tränen abzuwischen.«

So zeugt eine Christin für den österlichen Glauben. Diese Frau verdrängt Angst und Elend nicht, sie weint sie aus – allerdings nicht irgendwo, sondern am Leidensweg Jesu, an der einzigen Stätte, von der Erlösung ausgeht.

Wenden auch wir uns mit allem, was uns bedrückt, zum Kreuz unseres Herrn. Dieses Kreuz ist die einzige Lichtquelle, die alles Leid der Welt bis hin zum Tod erhellen kann. Hier gerät jede menschliche Angst ins Leuchten.

Am Ostermorgen soll es uns ergehen wie Maria Magdalena. Ängstlich starrte sie in das Grabesdunkel und erkannte plötzlich durch den Schleier ihrer Tränen eine helle Gestalt. Wer sich dem

Geheimnis der Auferstehung öffnet, kann allmählich ins Licht treten. Und er darf die Auferstehungsgewissheit auch dann in sich wie eine Frühlingsblüte aufbrechen lassen, wenn er den auferstandenen Herrn nicht berühren und festhalten kann. Spüren wir, was Ostern bedeutet? Dieses Ereignis der Auferstehung kündet uns: Weder Ängste noch Rätsel, noch Leiden, noch Tod sind Argumente gegen das Leben und dessen Sinn. Wir suchen und glauben und existieren nicht, um zu sterben; wir hoffen und schreiten voran, weil Er lebt und weil auch wir leben werden (vgl. Joh 14,19).

•••

Österlich leben

Was an und durch Jesus Christus geschah, das ist für *uns* geschehen. Der Apostel Paulus versichert: Als Getaufte hat uns das Ostergeschehen verändert. Als »neue Menschen« dürfen wir leben (vgl. Röm 6,4f). Mit Christus sind wir einbezogen ins unvergängliche Leben. Ostern ist Wirklichkeit, nicht etwa eine schöne Idee. Wir sind österliche Menschen – und sollen als solche leben. Österlich leben heißt: einen neuen Standort haben. Wer von der Höhe eines Berges ins Tal hinunterblickt, der wird nicht geringschätzen, was unter ihm liegt. Aber er wird auch nicht vom Nebel bedrückt, und er erstickt nicht in den Abgasen der Städte. Weil er einen höheren Standort hat, kann er freier atmen und hat bessere Übersicht. Die alltäglichen Vorkommnisse erscheinen ihm nicht mehr so furchterregend; sie machen ihn nicht mehr nervös, weil sie im hellen Glanz der Sonne und nicht im fahlen Zwielicht erscheinen.

Es hat schon seinen Sinn, dass bereits die ersten Christen den Auferstandenen als Sonne, als strahlendes Licht gefeiert haben. Denn Ostern feiern heißt: Dieses Licht entdecken, es einlassen in Geist und Gemüt, sich daran freuen und befreit mit allen Erlösten das Halleluja singen – mit den auf Erden Lebenden wie mit den

Vorausgegangenen, die im Himmel noch viel größere, innigere Freude empfinden als wir hier auf unserer Wanderschaft.

Österlich leben heißt aber auch: bekunden, was ich selber erfahren habe. Ostern ist öffentlich. Man versteckt es nicht wie Osternester für Kinder. Ostern braucht Boten und Zeugen, die durch ihr Wort und ihr Verhalten unter Beweis stellen, was es Großes ist um die neue Zeit, die mit dem Auferstandenen begonnen hat. Wie viele um uns herum warten in Depression, auf den Fluchtstationen der Süchte und Sekten, in Zwängen von Sorge und Stress auf das befreiende Wort vom Neubeginn, auf Zeichen verstehender Güte, auf helfende Taten. Zumal in den Ostertagen sollte jeder von uns sich fragen, zu wem ihn der Auferstandene schicken möchte, damit durch seine Hilfe der belasteten, angstvollen Existenz des Nächsten ein Licht aufleuchte.

Und österlich leben heißt zudem, den Weisungen des Auferstandenen gehorchen, der seine Jünger nach Galiläa sendet (vgl. Mt 28,10). Das besagt aber zugleich: Haltet Verbindung zu denen, die Gott nicht kennen oder von ihm nichts wissen wollen. Die Bewohner von Galiläa galten in biblischer Zeit als abständige Provinzler, die weit weg lebten von Jerusalem und dem heiligen Tempel. Von ihnen erwartete man nichts Gutes. Doch eben dorthin, nach Galiläa, wurden die Osterboten gesandt. Angefeindet, in fremder Umgebung, hatten sie Zeugnis abzulegen von der Auferstehung des Herrn. Gehen wir also in unsere Stadt und unser Land, in eine weithin säkularisierte Gesellschaft, und legen Zeugnis ab.

In seiner ersten Enzyklika hat Papst Johannes Paul II. geäußert, dieses Jahrhundert sei bisher vor allem eine Periode zahlloser Ungerechtigkeiten und Leiden gewesen, von Menschen ihren Mitmenschen zugefügt. Und er fordert uns auf, dieser bösen Entwicklung aus der Kraft und Hoffnung des Glaubens entschieden Einhalt zu gebieten und entgegenzuwirken.

Niemandem darf die dramatische Lage unserer Welt, aus der die einen Profit ziehen, die andern aber schrecklichen Schaden erleiden – niemandem darf sie gleichgültig sein. Wo immer der Mensch seiner Würde und freien Entfaltung beraubt wird – gehe es um

Ausländerkinder, allein gelassene Sterbende, Hungernde oder Ungeborene im Mutterleib – und wo immer Gefahren sich zusammenballen, dort müssen wir Christen Ostern der Welt nahebringen: nicht nur als Anti-Tod-Fest, sondern als Anti-Tod-Verpflichtung, als tätige Hoffnung und ganzheitliche Rettung.

•••

Große »Selbstverwirklicher«

Nach christlicher Überzeugung ist ein Leben mit Gott ein gelungenes Leben, auch in dunklen und durchkreuzten Stunden. Dass dieser Weg zum Ziel führt, wird aber nur der erleben, der ihn bereitwillig geht. Dass diese Brücke trägt, erfährt allein jener, der seinen Fuß mutig daraufsetzt. Nun gibt es Menschen, die uns diesen Weg glaubwürdig vorangegangen sind. Die Kirche nennt sie Heilige.

Die Heiligen kannten keine anderen Wege als wir, keine Abkürzungen oder Schleichpfade. Sie könnten uns auch gar nichts sagen, wären uns kein Vorbild, hätten sie nicht wie wir alle auf den staubigen Straßen des Lebens Schritt für Schritt tun müssen. Heilige sind Menschen, aber sie sind *ganze* Menschen. Sie standen wie wir in Krisen und Bewährungsproben, waren den Belastungen des Lebens oft bis zum Verzweifeln ausgeliefert. Auch sie waren auf die Gnade und Vergebung Gottes angewiesen. Doch verschlossen sie sich dieser Gnade nicht. Sie widerstanden ihr nicht und räumten ihr alle Hindernisse fort. Sie blieben auf dem Weg zum wahren Selbst.

Das Geheimnis der Heiligen kennzeichnet der Theologe Hans Urs von Balthasar so: »Die Heiligen wissen, dass Gott nie das Fremde, Andere ist. Er ist, wenn er ruft, mir innerlicher als ich mir selbst. Sie werden von seiner Hingabe zu solchen Entwürfen und Verwirklichungen beflügelt wie keiner, der bei sich bleibt. Sich entfremdet wird nur, wer vom Ruf weghört oder ihn halbherzig befolgt. Der Heilige beweist das christliche Ganzsein-Können aus der Gnade ... Er ist ganz Flamme, braucht aber die andern nicht als Scheiter, um zu brennen, und lässt sie nicht als Asche zurück. Er brennt aus dem absoluten Feuer; er ist selbstlos und ist doch ganz ein Selbst, ein Mensch.« Ganz Mensch sind die Heiligen, weil sie radikal religiös sind. Ihr Glaube ist nicht nur angeklebt; er reicht bis in die Wurzeln ihrer Existenz. Wer wäre nicht schon Menschen begegnet, die nach dem Grundsatz leben:»Ich bin auch Christ, aber ich treibe es nicht so stark!« Diese religiöse Luft ist zu dünn; davon kann man nicht leben. Die Heiligen halten den Glauben nicht für einen Sonderbereich neben anderen Bereichen; er trägt ihr ganzes Leben.

Ganz zu sich selbst finden, indem man ganz zu Gott findet – dies ist nur ein scheinbarer Widerspruch. Er löst sich auf für die, die das Wagnis beginnen, es zu leben. Das sind aber nicht nur die Menschen, die von der Kirche nach sorgfältiger Prüfung offiziell heiliggesprochen wurden. Ich denke dabei auch an Dag Hammarskjöld, den langjährigen Generalsekretär der Vereinten Nationen, der 1961 seinen Versuch, Frieden zu stiften, mit dem Leben bezahlte. Er bekennt:»In dem Augenblick, als ich Gott die Hand gab und ja zu ihm sagte, wurde mir der Sinn meines Lebens klar.« Sich gerade nicht in sich selbst zu verkrampfen, darin erkannte Hammarskjöld seine Freiheit. Der ständige Abschied, die stündliche Selbstaufgabe verleihe, vermerkt er, dem Erlebnis der Wirklichkeit jene Reinheit und Schärfe,»die – Selbstverwirklichung ist«. Hingabe an Gott war diesem nüchternen, so gar nicht schwärmerischen Schweden zur Mitte seines Lebens geworden. Er schreibt:»Gott stirbt nicht an dem Tag, an dem wir nicht länger an eine persönliche Gottheit glauben, aber wir sterben an dem Tag, an dem das Leben für uns nicht länger von dem stets wiedergeschenkten Glanz des Wunders durchstrahlt wird, von Lichtquellen jenseits aller Vernunft.«

Auch das Leben Papst Johannes' XXIII. beweist: Wer sich Gott zuwendet, der wendet sich von den Menschen nicht ab; der verzichtet nicht auf seine eigene Ursprünglichkeit und Natürlichkeit, sondern darf gerade ihre Vollendung erfahren. Wo der Name dieses Papstes genannt wird, da erwacht die Erinnerung an seine unerschöpfliche Güte und sein gewinnendes Wesen. Er war so ganz menschlich. Doch wer in seinem Tagebuch liest, ahnt wohl, dass diese überzeugende Menschlichkeit aus einer tiefen Gebundenheit an Gott erwuchs:»Herr, mir ist auf dieser Welt nur eines notwendig: mich zu kennen und dich zu lieben.« Als Bischof schreibt er an seine Nichte Anna:

»Dein bischöflicher Onkel kann dir keine großen Geheimnisse verraten, doch das kann ich dir sagen, dass ich von Jugend auf gelernt und daran festgehalten habe, mich zu bemühen, mit großer Einfachheit in allem und jedem den Willen des Herrn und nicht meinen Willen und meinen Geschmack zu suchen... Dies hat mir immer einen solchen Frieden und eine solche Ausgeglichenheit bewahrt.«

Menschen wie Dag Hammarskjöld und Johannes XXIII. machen anschaubar, dass das Evangelium keine weltfremde und lebensferne Utopie ist; dass ein Leben in der Liebe Gottes, in der Freundschaft mit Christus neue Tiefen und neue Welten erschließt. Wie es keine abstrakte Heiligkeit gibt, sondern nur konkrete, leibhafte Heilige, so bleibt auch das Evangelium nur Buchstabe, wenn sein Geist nicht Fleisch annimmt in Menschen, die es wagen, danach zu leben. Heilige sind die zuverlässigsten, aktuellsten Kommentare zum Evangelium. Ja, jeder Heilige sei»gelebtes Evangelium«, erläutert der große Hagiograph Walter Nigg; doch gleiche, betont er, kein Heiliger dem andern. Das unendliche Licht Gottes bricht sich in den tausendfachen Farben der persönlichen Eigenart und der jeweiligen Zeit. Die Heiligkeit Gottes prägt sich aus im Reichtum immer neuer Formen menschlicher Heiligkeit.

Auch Edith Stein, Philosophin, Karmelitin und Märtyrerin in Auschwitz, sprach von der erfahrenen Selbstverwirklichung: »Gott – und er allein – umfasst jeden geschaffenen Geist ganz; wer sich ihm hingibt, der gelangt von der liebenden Vereinigung mit ihm zur höchsten Seinsvollendung.« Als Assistentin des berühm-

ten Philosophen Husserl fand Edith Stein zu Gott: Eines ihrer
Glaubenszeugnisse lautet:

»Du bist der Raum,
der rund mein Sein
umschließt und
in sich birgt.
Du, näher mir
als ich mir selbst
und innerlicher
als mein Innerstes.«

Gott wird für sie nicht nur zum großen Du; in der Begegnung mit
ihm erfährt sie auch die Erfüllung des eigenen Lebens, ihre Selbstverwirklichung.

»So gehören«, schreibt sie, »eigene Seinsvollendung, Vereinigung mit Gott und Wirken für die Vereinigung anderer mit Gott
und ihre Seinsvollendung unlöslich zusammen.«

•••

Wir und die anderen

Wir alle leben nicht auf einer einsamen Insel, ja wir wären allein
nicht lebensfähig. Auf dem Weg zu mir selbst komme ich nur
voran in Gemeinschaft mit anderen Menschen, in der Begegnung
mit ihnen.

Wer seine Selbstverwirklichung ohne die anderen anginge,
müsste scheitern. Wir leben von der Zuneigung anderer und leiden
an ihrer Ablehnung. Wir hindern oder fördern einander bei unserer Entfaltung.

Zu Mutter Teresa aus Kalkutta kam eine große Gruppe von Professoren aus den USA, die sie baten: »Mutter Teresa, sagen Sie uns

etwas, das uns helfen wird.« Sie antwortete ihnen: »Lächelt einander zu!« Eine wichtige Weisung, gewiss! Ist es nicht so, dass viele sich nur verbissen oder skeptisch anschauen, falls sie einander überhaupt einen Blick gönnen? Wieso fällt es uns eigentlich so schwer, einfach gut zueinander zu sein? Warum tun wir uns leichter, jemanden zu kritisieren als anzunehmen? Wie kommt es, dass wir – bis zum Beweis des Gegenteils – Vorbehalte und Misstrauen gegeneinander hegen, dass wir unser Wohlwollen von Bedingungen abhängig machen?

Wir sehnen uns doch alle danach, dass uns jemand sagt: Es ist gut, dass es dich gibt; es ist gut, dass du auf der Welt bist! Du bist kein Supermensch, aber ich mag dich. Ich schätze deine zuverlässige Arbeit; es schmeckt mir, was du gekocht hast; ich bewundere deine Phantasie; ich freue mich an deiner Art – vielleicht auch: Ich danke dir, dass du es mit mir aushältst.

In der Bibel hören wir oft davon, dass Gott es gut mit uns meint. Schon die Schöpfungsgeschichte beteuert uns: »Gott sah alles an, was er gemacht hatte: Es war sehr gut« (Gen 1,31). Das alte Bundesvolk nannte Gott ›Jahwe‹, zu deutsch: Ich bin für euch da. Und das ganze Alte Testament preist die Treue Gottes, denn Gott hat sein Ja, das er seinem Volk Israel gab, nie zurückgenommen. In Jesus Christus hat er endgültig Ja zu uns gesagt, er ist selbst Mensch geworden. Das macht uns liebenswürdig, dass wir von Gott geliebt sind. Paulus erklärte der Gemeinde in Korinth: »Jesus Christus ist nicht als Ja und Nein zugleich gekommen; in ihm ist das Ja verwirklicht. Er ist das Ja zu allem, was Gott verheißen hat« (2 Kor 1,19–20).

Wenn Gott uns bei all unseren Fehlern unverbrüchlich bejaht, wieso sollten wir dann noch so viele Vorbehalte gegeneinander hegen? Wo er aus Liebe zu uns Mensch geworden ist, sollten wir da nichts Liebenswürdiges, nichts Anerkennenswertes aneinander entdecken? Oder müssen uns erst die Augen geöffnet werden? Nochmals ziehe ich eine geistreich fabulierte Tiergeschichte heran, die uns Menschen einen Spiegel vorhält. Wir verdanken sie dem Schriftsteller Rudolf Kirsten. Ein Adler hörte viel Schönes von der Nachtigall und hätte gern gewusst, ob das auch alles stimme.

Darum schickte er zwei Boten aus: den Pfau und die Lerche; sie sollten das Federkleid der Nachtigall betrachten und ihren Gesang belauschen.

Nach ihrer Rückkehr sprach der Pfau:»Als ich ihren erbärmlichen Kittel sah, da war ich so enttäuscht, dass ich ihren Gesang gar nicht mehr gehört habe.« Die Lerche dagegen berichtete:»Ihr Gesang hat mich so begeistert, dass ich vergaß, auf ihr Federkleid zu achten.« Mit wem halten wir es, mit dem Pfau oder mit der Lerche? Die Frage könnte auch heißen: Suchen wir das Haar in der Suppe oder die Klöße in der Brühe? Leben wir aus der Grundhaltung des Vertrauens oder des Misstrauens? Es muss uns gelingen, trotz aller Bedenken, ja trotz aller Schuld des Nächsten, das Gute an unseren Mitmenschen zu sehen. Das Gute ist da. Schauen wir doch genau hin – und freuen wir uns daran!

•••

Unser Tun ist nicht umsonst

Wo immer der Mensch arbeitet, tritt er in die Partnerschaft mit dem Schöpfer ein, nimmt er die göttliche Aufforderung zum Handeln an. Menschliche Arbeit, selbst unter harten Bedingungen, beruht nicht etwa auf einer göttlichen Racheordnung, sondern ein menschenfreundlicher Gott gibt uns den Auftrag, diese Welt zu wagen.

Jesus Christus hat der Arbeit einen weiteren Sinn verliehen. Durch sein Heilswerk nahm er der Schöpfung den Verwesungsgeruch. Durch seine Menschwerdung ist der Welt der Weg in die künftige Vollendung endgültig aufgetan. Die gesamte Wirklichkeit ist nunmehr dazu bestimmt, dem Gottmenschen in seine Auferstehung und Himmelfahrt hinein zu folgen. Damit bekommt die Arbeit, jede Arbeit an dieser Welt, eine ungeahnte Würde. Sie dient jenem Heil, das Christus uns grundlegend verheißen hat.

Das gesamte menschliche Handeln – nicht nur die frommen oder guten Werke – bringt nach dem großen Urgeschichtsforscher und Philosophen Teilhard de Chardin »einen Fortschritt in der glückseligen Besitznahme des Universums durch Christus«, und jedes gelungene Werk ist »wie ein offenes Tor zur höchsten Erfüllung unseres Seins«. Der französische Gelehrte hat in seinem Buch *Der göttliche Bereich* diese neue Dimension der Arbeit mit den oft zitierten, aber immer wieder bedenkenswerten Sätzen umschrieben: »Der lebendige und fleischgewordene Gott weilt nicht weit von uns. Er erwartet uns vielmehr jederzeit im Handeln, im Werk des Augenblicks. Er ist gewissermaßen an der Spitze meiner Feder, meiner Hacke, meines Pinsels, meiner Nadel, meines Herzens, meiner Gedanken. Indem ich den Strich, den Schlag, den Stoß, mit dem ich beschäftigt bin, bis zur höchsten natürlichen Vollendung bringe, erfasse ich das letzte Ziel, nach dem mein tiefstes Wollen strebt.«

Hier wird die äußerste Perspektive menschlichen Schaffens sichtbar. Unsere Arbeit bereitet die Wiederkunft Christi und die verheißene Endgestalt der Welt vor. Unser Tun ist nicht umsonst. Wie oft hört man die *Klage*: Meine Arbeit füllt mich nicht aus; ich erkenne kaum mehr einen Sinn in dem, was ich tue und wofür ich die beste Zeit investiere. Die christliche Sinn-Erschließung der Arbeit befähigt uns, den Dienst an der Welt in Treue weiter zu bejahen, launische Unzufriedenheit zu überwinden und unser Tun so zu entwickeln, dass es in Sachgerechtigkeit verrichtet und dem Gemeinwohl zugeordnet wird. Ohne religiöse Beweggründe allerdings werden wir den Sinngrund von vielem, was wir eben tun müssen, kaum finden.

Die christliche Sicht der Arbeit verhindert schließlich auch, dass Menschen von ihrer Tätigkeit restlos besessen sind; dass sie meinen, die Arbeit sei der einzige Wert; dass sie sich berauschen an ihren beruflichen Erfolgen; dass sie durch unablässig gesteigerte Tätigkeit erblinden für andere und höhere Werte des Lebens; dass sie dem gefährlichen Irrtum verfallen, sie könnten aus eigener Kraft ein innerweltliches Paradies errichten. Letztlich ist das Reich

Gottes nicht unsere Leistung, die Vollendung nicht menschliches Machwerk. Biblisch ausgedrückt:»Ich sah die heilige Stadt, das neue Jerusalem, von Gott her aus dem Himmel herabkommen« (Offb 21,2). Das christliche Arbeitsverständnis also schützt uns ebenso vor Resignation wie vor Euphorie. Es mahnt uns zum nüchternen Einsatz, auf den vieles, aber nicht alles ankommt. Es verheißt uns, wie der Theologe Henri de Lubac betont, dass unsere Arbeit»durch die Jahrhunderte hindurch das Haus erbaut, das Gott verklären wird, um aus ihm seine Wohnung zu machen«.

•••

Jubiläumsgebet

Anlässlich des hundertfünfzigjährigen Jubiläums der Diözese Rottenburg hatte der Bischof die Einzelnen und die Gemeinden zu folgendem Gebet eingeladen. Der Text wurde in 900.000 Exemplaren verbreitet.

V: Herr Jesus Christus, Retter der Welt, du hast unsere Diözese durch wechselvolle Zeiten geführt. Wir danken dir für deine Treue und dein Geleit. Im Vertrauen auf dich wagen wir unsere Zukunft. Du *bist der Weg.* Du lädst uns ein, dir zu folgen. Du zeigst uns den Sinn unserer Wege und lässt uns das Ziel nicht aus dem Auge verlieren.

A: Reiche allen die Hand, die bereit sind, mit dir zu gehen. Bewahre uns davor, dem nachzulaufen, was keinen Bestand hat. Bring Klarheit in unsere Verwirrung und Frieden in unseren Streit. Richte uns auf, wenn wir verzagen. Hole uns heim, wenn wir uns verirren. Hilf unserem Volk, dass es den Weg finde zu deinem und zu unserem Vater.

V: Du *bist die Wahrheit*. Du hast uns deinen Heiligen Geist gesandt. Du öffnest uns Sinne und Herz. Du bist das Licht in unserer Finsternis.

A: Wir wollen im Lärm unserer Zeit dein weisendes Wort nicht überhören. Sei du uns Zuflucht in der Anfechtung und Halt in der Unsicherheit. Gib, dass wir nicht dem täuschenden Glanz der Lüge verfallen. Mache uns frei für dich und die Menschen. Gib uns den Mut, dein Evangelium mit ganzer Kraft zu bezeugen. Leite uns an, deine Wahrheit in Liebe zu tun.

V: *Du bist das Leben*. Dir verdanken wir unser Dasein. Damit wir das Leben in Fülle haben, hast du am Holz des Kreuzes Tod und Sünde besiegt. Durch deine Auferstehung bist du die Tür zum ewigen Leben.

A: Lehre uns das Leben ehrfürchtig bewahren, umsorgen und liebevoll schützen. Segne das Werk unseres Geistes und unserer Hände. Hilf uns, Gemeinden zu sein, wo Kinder und Jugendliche, Familien und Alleinstehende deine Nähe erfahren. Schenke allen Menschen Geduld in der Mühsal, Trost im Leiden, Vergebung der Schuld und erfülle ihre Sehnsucht. Lass uns bei dir geborgen sein.

V: Herr Jesus Christus, du bleibst bei deiner Kirche. Du lässt auch in unseren Tagen dein Wort nicht verstummen und die Quellen deines Heils nicht versiegen.

A: Sende junge Christen in den Priester-und Ordensberuf. Mache sie fähig, dir und den Gemeinden in ungeteilter Liebe zu dienen.

V: Herr, in deinen Händen ruht unser Geschick. In guten und schweren Tagen dürfen wir uns ganz verlassen auf dich. Vertrauend auf die Fürsprache deiner heiligen Mutter Maria und unseres Diözesanpatrons St. Martinus, bitten wir:

A: Schenke uns neue Anfänge: Zuversicht statt Mutlosigkeit, Einheit statt Entzweiung, Offenheit statt Enge und Angst. Von dir kommt uns Hoffnung und Freude. Lass uns mitbauen am Reich der Wahrheit und des Lebens, der Heiligkeit und der Gnade, der Gerechtigkeit, der Liebe und des Friedens. So entspreche unser Leben dem Willen des ewigen Vaters. Ihn preisen wir durch dich im Heiligen Geist jetzt und in Ewigkeit. Amen.

»Es gehört zu den wichtigsten
Aufgaben der Kirche, sich an der
öffentlichen Auseinandersetzung zu
beteiligen«

Der Medienbischof

Als Dr. Georg Moser zum ersten Mal mit seinem »Käfer« nach Baden-Baden fuhr, um im Fernsehstudio sein »Wort zum Sonntag« aufzeichnen zu lassen, war er schon der »Hörfunk- und Fernsehbeauftragte der Diözese Rottenburg«. Sein Interesse an der Wirkungsweise der Medien und der Rolle der Kirche in den Medien war schon früh geweckt und führte später dazu, dass er von der Deutschen Bischofskonferenz zum Vorsitzenden der Publizistischen Kommission gewählt wurde. Prälat Hubert Bour hat in seinem Beitrag (siehe oben) einige Facetten des »Medienbischofs« Georg Moser beschrieben. An dieser Stelle soll Bischof Moser selbst zu Wort kommen. Er hat die Medien nicht nur ohne Scheu für den Verkündigungsauftrag der Kirche genutzt; er hat auch auf die Risiken und Chancen der Massenmedien hingewiesen und sozialethische Leitlinien für die Mediennutzung entwickelt.

Als Bischof Georg Moser am 9. Mai 1988 überraschend starb, war gerade ein Buch in Vorbereitung, welches zu seinem 65. Geburtstag (10.6.1988) geplant war. Nun erschien dieser Band »Zeitgespräch – Kirche und Medien«, herausgegeben von Heinz Glässgen und Hella Tompert, stattdessen »zur Erinnerung und zu Ehren an Bischof Georg Moser«, den Vorsitzenden der Publizistischen Kommission der Deutschen Bischofskonferenz. In seinem Vorwort würdigte Bischof Karl Lehmann, der Vorsitzende der Deutschen Bischofskonferenz, Bischof Moser für sein langjähriges Wirken im Bereich der katholischen Publizistik: »Als Medienbischof folgte er dem Leitmotiv der Menschendienlichkeit... Es kam Georg Moser nicht darauf an, etwa immer neue Techniken in den Dienst der Kommunikation zu stellen, sondern nur wenn und insofern diese in der Tat und auf lange Sicht dem Menschen dienen – ut habeant vitam. Wahrhaft menschliche Kommunikation stand für ihn im Dienst des Lebens, dessen Fülle wir als Geschenk von Gott erwarten.«

Bischof Moser war als der katholische Fachmann für Medienethik geschätzt und wurde von der Landesregierung von Baden-Württemberg 1979 als Mitglied der Expertenkommission »Neue Medien« berufen. Hier gewann er tieferen Einblick in die Diskussion um die Chancen und Risiken der damals aufkommenden Kommunikationstechnologie. So ist auch zu verstehen, dass er in der Folgezeit eine Reihe von sozialethischen Aussagen zum Gebrauch der modernen Kommunikationsmittel veröffentlichte. Obwohl damals das weltweit vernetzte Internet, wie wir es kennen, noch nicht im Blick war, erkannte Bischof Georg Moser vorausschauend die grundsätzliche Bedeutung der Medien und auch ihre Chancen und Risiken für das Zusammenleben der Menschen. Die folgenden Texte belegen dies eindrücklich.

Gerhard Rauscher

Kommunikation und Menschlichkeit

Ausgewählte Zitate aus Veröffentlichungen von Bischof Moser

Die Bedeutung der Kommunikation für das Leben des Menschen beschränkt sich nicht auf das unmittelbare intersubjektive Miteinander. Über Kommunikation erschließen sich uns auch die Welt und Geschichte, in der wir leben. Wir erfahren von Dingen, von Ereignissen, von Zusammenhängen und lernen damit uns selber in unseren Bezügen besser kennen. Die Fülle dessen, was geschieht, weckt Interesse und wird zur Information. Hier ist das weite Feld öffentlicher Kommunikation und Publizistik.

•••

Kommunikation ist notwendig für den einzelnen Menschen, für seine persönlichen Beziehungen, für seine Welterfahrung und seine Bildung; Kommunikation ist aber nicht weniger unverzichtbar für das öffentliche Leben einer freien Gesellschaft.

•••

Besonderes Gewicht kommt den öffentlichen Medien zu. Massenkommunikation und Massenmedien stellen zentrale Größen des privaten und gesellschaftlichen Lebens dar. Tagtäglich werden wir von Nachrichten und Informationen aus Hörfunk, Fernsehen, Zeitungen, Illustrierten und Zeitschriften überflutet. Sie vermitteln Ansichten, Absichten, Meinungen, Werthaltungen und Verhaltensmuster, sie leisten Lebenshilfe und Weltbewältigung, sie bieten in umfassendem Sinn Welt-Anschauung. Man muss wirklich zunächst einmal das Großartige solcher Medien festhalten, die Möglichkeit, die sie dem modernen Menschen eröffnen. Sie erweitern den Raum menschlicher Begegnung und Kommunikation in einem Ausmaß, das früher unvorstellbar gewesen war. Sie erschließen den Zugang zu anderen Meinungen und Wertungen und zu fremden Völkern und Kulturen, die noch vor wenigen Generationen uns hier verschlossen und unbekannt waren.

•••

Die Medien technisch-instrumenteller Kommunikation realistisch zu sehen, heißt aber auch, ihre Ambivalenz zu erkennen. Gewiss darf man die Medien nicht zum Sündenbock aller Zerfallserscheinungen in unserer Gesellschaft machen. Doch die Frage nach der Qualität dessen, was uns Medien anbieten, muss immer neu gestellt und beantwortet werden.

•••

Es gehört zu den wichtigen Anliegen der Kirche, in einer so weitreichenden Angelegenheit wie der gesellschaftlichen Kommunikation, sich an der öffentlichen Auseinandersetzung zu beteiligen, ihre eigenen Erfahrungen einzubringen und sie anzubieten im Rahmen der allgemeinen Überlegungen, die aus aktuellem Anlass geboten sind.

•••

Zu betonen bleibt immer: Nicht die technische Machbarkeit darf der Maßstab der Weiterentwicklung auf dem Gebiet der Medien sein, sondern die ethische Vertretbarkeit, die Menschendienlichkeit. Es bleibt eine der entscheidenden Fragen, ob wir uns einer technischen Entwicklung mit einer unaufhaltsamen inneren Dynamik verschreiben dürfen, ohne die voraussehbaren Folgen mit ethischen Maßstäben gemessen zu haben. Die Verantwortung für die Folgen gehört konstitutiv zu jedem menschlich-sittlichen Handeln. Weil wir die Verantwortung des Menschen für die gesamte Wirklichkeit betonen, weil wir darauf bestehen, dass alle Lebensbereiche menschengemäß und menschenwürdig gestaltet werden – denn dazu verpflichtet uns das christliche Menschenbild –, deshalb geben wir uns weder einem hektischen Fortschritts-drang hin, noch verschließen wir uns in kulturpessimistischer Introvertiertheit gegenüber neuen technischen Entwicklungen.

•••

Kritisches, waches, konstruktives Bewusstsein darf nicht betäubt werden. Eine mediale Narkose, also ein verzerrtes Bild unserer Wirklichkeit, der Sieg des Scheins über die Realität könnte Lang-zeitwirkungen zeitigen, die in höchstem Maße unerwünscht, ja selbstzerstörerisch sein könnten. Verzerrte Bilder von Mensch und Welt, die entscheidende Dimensionen unseres individuellen und gesellschaftlichen Lebens verschweigen oder verfälschen, können nicht erwünscht sein. Sie sind lebensfeindlich, im letzten sogar pervers. Für alles, was das Leben fördert, gegen alles, was es ver-stellt – dieser Grundsatz behindert nicht ein Programm mit gro-ßer Bandbreite, dieser Grundsatz enthält aber Kriterien, die an bestehende und neue Programme angelegt werden müssen. Es muss gefragt werden, ob Programme um des Menschen willen gemacht werden oder wegen des Profits, ob sie Zusammenleben fördern oder polarisieren, ob sie Frieden stiften oder zerstören, Gegensätze aufbauen oder Konflikte ansprechen und lösen. Das ist gemeint, wenn wir sagen: Maßstab und Ziel einer Veränderung der Mediensituation sind für die Kirche die Förderung und Ver-besserung der sozialen Kommunikation.

•••

Solche Forderungen und Aussagen ergeben sich aus dem Selbst-verständnis der Kirche, als Anwalt des Menschlichen zur gesell-schaftlichen Diskussion beizutragen. Darüber hinaus aber hat die Kirche im Rahmen ihres Verkündigungsauftrages das Interesse und die Aufgabe, ihre frohe Botschaft weiterzusagen in jeder Form, die dem Inhalt, dem Empfänger und dem Medium angemessen ist. Wenn Medien den runden Tisch der Gesellschaft bilden, das Zeitgespräch der Gesellschaft in Gang halten, dann gehört es zur ersten Aufgabe der Kirche, ihren Beitrag zu leisten zur Diskussion und Formulierung des Minimalbestandes verbindlicher Werte und Normen, die für das Zusammenleben in einer pluralistischen Gesellschaft notwendig sind. Dieser spezifische kirchliche Beitrag ist weder zu leisten vom Staat noch von anderen Gruppen. Dieser Beitrag fällt darum aus, wenn ihn die Kirchen vernachlässigen.

•••

Die Kirche darf aber nicht nur Ansprüche an andere formulieren. Vielmehr fallen diese Ansprüche auf sie selbst zurück. Wenn sich die Kirche im Medienbereich engagiert, dann nicht, um nur dabei zu sein. Dann müssen Form und Inhalt ihrer eigenen Sendungen den gestellten Erfordernissen genügen. Dann müssen gerade von solchen Angeboten in gültiger Form existentielle Fragen angegangen, Vergessenes, am Rande Liegendes, Verdrängtes beleuchtet werden; dann müssen die Themen und Fakten, die menschliches Leben bereichern, Gegenstand kirchlicher Anstrengungen in den Medien sein. Die christliche Zusage heißt: dem Leben von Gott her trauen zu können. Wäre das nicht ein Prinzip für Auswahl und Gestaltung von Beiträgen in Zeitungen und Zeitschriften, für Sendungen in Hörfunk und Fernsehen?

Rundbrief an Freunde und Bekannte

Bischof Georg Moser war nicht nur ein packender Redner, der keine Scheu vor den Medien hatte. Er nutzte auch gerne das Medium »Brief«. Er erhielt sehr viele Briefe, die er aufmerksam las; er schrieb auch gerne Briefe. Gerade in Zeiten des ausufernden E-Mail-Verkehrs bekommt ein Brief einen ganz neuen Wert. Wie wichtig Bischof Moser Briefe nahm, belegt folgender Auszug aus einem seiner Rundbriefe (3. 8. 1984) an Freunde und Bekannte:

Eine eigene Gattung von Briefen bilden die Schreiben unserer Missionare und Schwestern aus den Ländern der Dritten Welt; ihren meist handfesten Problemen suchen wir nach Kräften abzuhelfen. Vom Frühling und Wachstum des Glaubens in diesen Ländern lasse ich mich gerne anstecken.

Schließlich kommen Briefe wie die Ihren, über die ich mich schlicht freue. Ich bin für diese Zeichen besonders auch darum dankbar, weil sie mir zeigen, dass es die oft zitierte Trennung von Amt und Person eigentlich nicht gibt, dass auch ein wichtiges und durchaus nicht bequemes Amt einen nicht unbedingt zum Funktionär werden lässt, der nur noch das reibungslose Funktionieren des Apparates im Auge hat und den Kontakt zu den Menschen, zu ihren Freuden, ihren Sorgen, ihren Plänen und Erfolgen, ihrem Leid verloren hat. So lese ich Ihre Zeichen der Verbundenheit als persönliches Wohlwollen und danke sehr herzlich dafür – für jedes Verständnis, für jede Ermutigung und jede Fürbitte.

»Damit sie das Leben haben«

Der weltoffene Bischof

Heimatverbunden war er (»Ich bin Allgäuer«) und weltoffen zugleich: Bischof Georg Moser pflegte Kontakte zu Menschen in fast allen Erdteilen. Das war auch bei der Diözesansynode 1985/86 sichtbar, wo Bischöfe und Vertreter von Ortskirchen aus Afrika und anderen Erdteilen als Gäste und Beobachter in Rottenburg waren. Bischof Moser übernahm von seinem Vorgänger Bischof Carl Joseph Leiprecht das weltweite Netzwerk von Frauen und Männern in der Missionsarbeit und baute die weltkirchliche Arbeit weiter aus. Dabei wurde er von Prälat Eberhard Mühlbacher, dem Leiter des Referates für weltkirchliche Aufgaben, mit Energie und Kreativität unterstützt.

Beim Tag der Weltmission (22. Oktober 1978) in Heilbronn unter dem Motto »Rottenburg weltweit« betonte Bischof Moser sein Verständnis von »Mission«, die nicht mehr einer »Einbahnstraße« gleiche. »Die Gegenfahrbahn besteht längst ... Jeder hat dem anderen das Seine zu geben, weil niemand mehr allein der Schenkende und der andere der Beschenkte ist; weil niemand mehr allein der Wissende und der andere der Unwissende ist.« In diesem Geist der Partnerschaft und Offenheit für andere Kulturen ist Bischof Moser auf seinen Pastoralreisen in andere Erdteile den dortigen Ortskirchen begegnet. Prälat Johannes Barth schildert in einem Bericht über eine Reise nach Lateinamerika, wie sehr sich Bischof Moser für die schwierige Lebenssituation der Menschen und für die pastoralen Herausforderungen seiner Gastgeber und Vertreter der Partnerdiözesen interessierte.

Besonders markante und leuchtende Beispiele für Bischof Mosers Weltverbundenheit waren seine Begegnungen mit Erzbischof Dom Hélder Câmara und Mutter Teresa in unserer Diözese. Berthold Seeger berichtet aus eigener Erfahrung von der Begegnung mit Dom Hélder Câmara. Bischof Moser verehrte ihn sehr und schrieb Meditationen zu Gedichten dieses sehr bescheiden lebenden Bischofs in Lateinamerika. Außergewöhnlich war auch die Reise von Bischof Moser nach China. Sie hatte eine nachhaltige Wirkung.

Gerhard Rauscher

Zwei Bischöfe mit Visionen: Dom Hélder Câmara und Georg Moser

»Damit sie das Leben haben« – dieser bischöfliche Wahlspruch (Joh 10,10) von Georg Moser war sein Programm, weit gefasst, ohne Einschränkung. So verstand er sein Wirken als Präsident der deutschen Sektion der katholischen Friedensbewegung Pax Christi in einer Zeit prekärer globaler Entwicklungen. Er hatte die Welt im Blick und pflegte Kontakte mit Menschen verschiedener Kontinente. Seine Verbindung zum brasilianischen Erzbischof Dom Hélder Câmara ist ein eindrucksvolles Beispiel.

Von Georg Moser erschien ein meditatives Buch mit dem Titel »Gelebte Träume«. Ohne Kenntnis davon lud die Pax Christi Bistumsstelle im Januar 1986 Dom Hélder Câmara ein, um mit ihm den Weltfriedenstag zu begehen. Somit ergab sich für unseren Bischof die Gelegenheit, die Neuerscheinung zusammen mit Dom Hélder der Öffentlichkeit vorzustellen. Gottesdienste und Vortragsveranstaltungen mit Dom Hélder und Bischof Georg in Weingarten und Stuttgart bildeten den Höhepunkt dieses Weltfriedenstags. In Stuttgart begann der Abend mit einer berührenden Geste. Dom Hélder bedankte sich bei Bischof Georg dafür, dass er seine Texte mit eigenen spirituellen Impulsen angereichert veröffentlichte. Er umarmte seinen Amtsbruder, was Bischof Georg sichtlich überraschte und beeindruckte. Die ähnliche Denkweise beider Bischöfe lässt sich an den spirituellen Gedanken Mosers über Câmara-Zitate gut nachvollziehen. Schon der Untertitel des Buches führt auf diese Spur: »Worte von Hélder Câmara und was sie mir bedeuten«. Der Kampf um Gerechtigkeit in dieser Welt, die väterliche Sorge um die Nöte der Armen, Zugänge freilegen zur Welt, zum Menschen, zu Gott, anstiften zur Hoffnung. Das sind nur einige Themen, die die beiden Bischöfe verbanden. Bischof Georg zitiert seinen Amtsbruder: »Wir alle haben, so ist Dom Hélder überzeugt, nur eine Chance zu überleben, wenn die reichen Staaten der Erde die schlimmste aller Waffen, die Bombe des Elends entschärfen.« Diese Überzeugung war sicher ein Motiv für Bischof

Mosers Interview zu den deutschen Rüstungsexporten, das er bereits 1981 dem damaligen SWF gab und damit immenses Aufsehen erregte.

Ein weiterer Gedanke, den Bischof Georg mit Hélder Câmara verband, ist die Nähe zu den »kleinen« Menschen und die nachgehende Sorge um sie. Auf einer Firmreise durch Oberschwaben traf er die alleinerziehende Mutter eines Firmlings. Er erfuhr von ihrer existentiellen Not und ihrem täglichen Kampf, um das Leben ihres Kindes und das eigene Leben zu meistern. Bischof Georg ließ ihr finanzielle Unterstützung zukommen. Was aber das wirklich Eindrucksvolle war: Wenn er in die Gegend kam, bat er den Ortspfarrer, ein Treffen mit der Mutter zu arrangieren, um von ihr zu erfahren, wie es ihr und dem Sohn geht. Aus solchen Erfahrungen heraus überschrieb Moser in seinem Buch einen Abschnitt mit dem prägnanten Titel:»Das Leben der kleinen Leute«. Er meditiert darin den Gedanken Câmaras:»Wenn Arbeit den kleinen Leuten das Hemd durchnässt, schau dich um und du wirst sehen, dass Engel die Schweißtropfen einsammeln, als seien es Diamanten.« Noch ein Punkt, der Mosers Weitsicht zeigt: Er war Mitglied einer von der polnischen und deutschen Bischofskonferenz 1978 gegründeten geheimen Kontaktgruppe für die begonnene Versöhnungsarbeit zwischen beiden Völkern.

Den Stellenwert der Friedensarbeit als Aufgabe für alle Christen formulierte Bischof Georg gegenüber einem Journalisten. Anlässlich der Eröffnung des neuen Volksbüros in Biberach sagte er, dass es sich ein katholisches Volksbüro nicht leisten könne, die Friedensarbeit links liegen zu lassen.

Berthold Seeger

Mutter Teresa – Heilige der Nächstenliebe

Vom 11. bis 13. Juni 1982 war Mutter Teresa zu Gast in Baden-Württemberg und der Diözese Rottenburg-Stuttgart, wo sie mehrmals Bischof Georg Moser begegnete. Mutter Teresa war durch ihren unermüdlichen Einsatz für arme und sterbende Menschen in Kalkutta weltweit bekannt geworden. Für ihr Zeugnis christlicher Nächstenliebe wurde (und wird) Mutter Teresa vor allem von jungen Menschen als Vorbild im Glauben verehrt. Für ihr Eintreten für den Frieden und ihr außerordentliches soziales Engagement wurde die Gründerin der »Missionarinnen der Nächstenliebe« 1979 mit dem Friedensnobelpreis ausgezeichnet.[1] Daher wurde der »Engel der Armen«, wie Mutter Teresa auch genannt wurde, von sehr vielen Menschen in Baden-Württemberg begeistert empfangen. Nach dem offiziellen Empfang durch die Landesregierung in der Villa Reitzenstein machte sie auf ihrer dreitägigen Reise durch Baden-Württemberg u. a. Besuche im Marienhospital in Stuttgart und in Ludwigsburg St. Paul bei einem Fest für geistig behinderte Kinder.[2]

Höhepunkt des Besuches von Mutter Teresa war ihre Teilnahme am Jugendtag im Kloster Untermarchtal. Dort wurde sie von 4.000 jungen Menschen begeistert empfangen. Mutter Teresa ließ – zur Überraschung mancher Jugendlicher – Rosenkränze verteilen und betete mit ihnen für den Frieden auf der Welt, für die vom Krieg heimgesuchten Länder, für den Frieden in den Familien und für die großen Anliegen der Kirche. Bischof Georg Moser, der den Gottesdienst zelebrierte, wies die Jugendlichen darauf hin, dass Mutter Teresa für uns alle ein großes Vorbild sei. »Sie widmet ihr Leben ganz der Sorge für die Armen und Verzweifelten und nimmt die Not jedes Einzelnen ganz ernst. Wir danken Gott für Mutter

---

1 Mutter Teresa wurde auch nach ihrem Tod im Jahr 1997 wie eine Heilige verehrt; und so war es keine Überraschung, dass diese kleine Frau mit der großen Liebe für die Armen am 4. September 2016 in Rom von Papst Franziskus heilig gesprochen wurde.
2 In einem ausführlichen Bericht des Katholischen Sonntagsblattes (26/1982) werden die Stationen und Begegnungen von Mutter Teresa geschildert.

Teresa. Sie ist die Botin der Liebe Jesu.«[3] Im Anschluss an den Gottesdienst verlieh Bischof Moser die Martinusmedaille an Mutter Teresa, um sie als leuchtendes Beispiel christlicher Nächstenliebe zu ehren.

Nach dem Besuch in der Diözese Rottenburg-Stuttgart hat Mutter Teresa an Bischof Dr. Georg Moser folgenden Dankbrief gesandt:

---

3 Katholisches Sonntagsblatt vom 27. 6. 1982, S. 18.

»Lieber Herr Bischof Moser,

es war wunderbar, bei Ihnen zu sein: bei Ihren Priestern und Ihren Leuten, besonders bei den jungen, und zusammen Gott für all seine Güte für jeden von uns zu danken.

Meine Dankbarkeit Ihnen gegenüber ist mein Gebet für Sie, dass Sie mehr und mehr wachsen mögen in die Ähnlichkeit Christi durch Reinheit des Herzens und Demut im Dienste an den Menschen, die Ihnen die Kirche anvertraut hat.

Bitte beten Sie auch für mich, dass ich Gottes Werk nicht beeinträchtige, damit es das Seine bleibt. Lassen Sie uns beten!

Gott segne Sie!

Mutter Teresa 15. 6. 1982«

Der Besuch von Mutter Teresa hinterließ in der Diözese einen nachhaltigen Eindruck. Insbesondere ihr Zeugnis von der Zuwendung zu den Ärmsten der Gesellschaft und ihre mahnenden Worte (»Kennt ihr die Armen in eurer Stadt?«), sind bis heute unvergessen. Die Begegnung von Bischof Moser mit Mutter Teresa und ihre ermutigenden Worte haben viele Frauen und Männer in ihrem weltkirchlichen und karitativen Engagement in der Diözese bestärkt. Im Jahr 2009 errichtete Bischof Dr. Gebhard Fürst die Mutter-Teresa-Stiftung. Diese Stiftung mit dem Anliegen, die Mitarbeiterinnen und Mitarbeiter in karitativen Diensten zu fördern, wird auch als Zeichen der Verbundenheit unserer Diözese mit dem Anliegen der heiligen Mutter Teresa verstanden.

Gerhard Rauscher

Botin der Liebe Jesu

Ansprache beim Jugendtag in Untermarchtal am
13. 6. 1982 (gekürzt)

Liebe Schwestern und Brüder!

Ich heiße nicht nur euch alle von ganzem Herzen willkommen, sondern grüße in Verehrung und Liebe unsere gute Mutter Teresa.

Ich möchte euch von gestern etwas berichten. Mutter Teresa bekam von einem jungen Mädchen einen Brief, so wie ihr eine ganze Reihe von Leuten auf dem Schlossplatz in Stuttgart schon Briefe übergeben hatten, und als wir gestern Morgen zusammen nach dem ersten Gottesdienst mit den Kranken waren, da war Mutter Teresa etwas unruhig und sagte:»Ich muss unbedingt dieses Mädchen finden.« Ein Mädchen hatte Mutter Teresa geschrieben, dass sie in einer völlig verzweifelten persönlichen und familiären Situation ist. Und durch die Anstrengung verschiedener Schwestern ist es gelungen, dieses Mädchen zu finden. Und gestern Nachmittag traf Mutter Teresa dieses verzweifelte Mädchen, das schon einmal in der letzten Zeit, in jüngster Zeit, daran war, sich das Leben zu nehmen. In dieser Verzweiflung trafen sie zusammen und Mutter Teresa konnte unter vier Augen mit ihr sprechen.

Warum ich das sage? Ich will euch damit sagen: Was hier sich vollzieht in einer solchen Begegnung, das ist alles andere als irgendein Zirkus, das ist eine Begegnung, die in Ehrfurcht geschieht und wo Mutter Teresa, und dem möchte ich mich in der Haltung eigentlich gerne anschließen, jede Einzelne und jeden Einzelnen sehr persönlich ernst nimmt. Ich finde das großartig. In einer ihrer Schriften heißt es:»Mich interessieren nicht so sehr große Strukturen, mich interessiert der einzelne, oft so verlassene Mensch.« Und ich bin so glücklich, Mutter Teresa, dass Sie das auch mitten unter uns wagen.

Wir danken Mutter Teresa dafür und danken Gott in dieser Eucharistiefeier dafür, dass er sie zur Botin der Liebe Jesu in diese unsere Welt und Zeit geschickt hat. Ihr Leben und Dienen für die Ärmsten, für die Kinder, die ausgesetzt werden, wie für die Sterbenden, die auf der Straße ihr Leben ohne einen einzigen Menschen, der ihnen Beistand leisten würde, beenden, für die Verlassenen in aller Welt. Ihr Taktgefühl für die Leiden der andern, für die Nöte und Verzweiflung, gerade auch der Jugend, das alles ist ein Zeugnis dafür, dass die Liebe und die Menschenfreundlichkeit Jesu Christi nicht irgendeine Vergangenheit sind, sondern dass diese Liebe mitten unter uns lebendig ist. Und deshalb, verehrte Mutter Teresa, freuen wir uns alle darüber, dass es Sie gibt!

Wir sehen Sie, liebe Mutter Teresa, bekleidet mit dem Sari der Armen. Und wir übersehen nicht das schmucklose Kreuz auf Ihren Schultern, das uns ja auch darauf hinweist, dass Sie nicht nur das Schicksal mit den Armen teilen, sondern das Kreuz mit ihnen tragen. Wir freuen uns, dass so viele mit Ihnen den Weg des Dienens und der Liebe gehen. Es sind schon rund 2.000 Schwestern in aller Welt, in 52 Ländern. Und es sind zur Zeit – und die könnten ja durch euch vermehrt werden – 300 Novizinnen, die mit Mutter Teresa den Weg der Liebe beschreiten...

Ich freue mich darüber, dass wir nun Gottesdienst feiern. Und ich möchte meinen, dass wir Ihnen, verehrte liebe Mutter Teresa, auch durch unser Gebet und unsere Gaben ein wenig helfen können. Und ich möchte nun zur Eucharistiefeier überleiten mit einem Wort, das Mutter Teresa einmal geschrieben hat: Sie selber haben einmal gesagt: »Die Messe ist die geistige Nahrung, die mich am Leben erhält. Ohne sie wäre ich nicht fähig, auch nur einen Tag oder sogar nur eine Stunde meines Lebens durchzustehen. In der heiligen Messe erscheint Jesus in der Gestalt des Brotes. Und in den Slums begegnen wir ihm in den zerstörten Körpern und in verlassenen Kindern.« In der Verbundenheit mit allen Armen, mit allen Betenden dieser Welt mit allen Suchenden und Verzweifelten, auch unter uns, meine ich, sollten wir nun froh und besinnlich und dankbar unsere Feier beginnen.

Bischof Georg Moser in China

In den 70er-Jahren des vergangenen Jahrhunderts waren Politiker-Reisen nach China noch eine Seltenheit und hatten einen Hauch von Exotik. Dieses weitgehend unbekannte Land hinter der »Großen Mauer« vermittelte durch seine unermessliche Größe und die zunehmende weltpolitische Bedeutung das Bild eines »Drachen, der langsam vom Schlaf erwacht.« Und der Besuch eines katholischen Bischofs im kommunistischen China schien beinahe undenkbar. Daher war es ein »Glücksfall« für die katholische Kirche, dass Bischof Dr. Georg Moser vom Ministerpräsidenten des Landes Baden-Württemberg in seine Delegation für die Chinareise aufgenommen wurde. Unter Leitung von Ministerpräsident Lothar Späth besuchte diese Delegation vom 1. bis 12. November 1979 die Volksrepublik China. Damit konnte zum ersten Mal nach der Kulturrevolution ein katholischer Bischof aus dem Ausland in das »Reich der Mitte« einreisen.

Das Thema Kirche und Christentum verschwand für lange Zeit von der Tagesordnung Chinas. Der chinesische Kommunismus bekämpfte jede Form von Religion, weil Religion in der Geschichte Chinas dem Fortschritt angeblich entgegenstand. Die Mission der christlichen Kirche geriet zudem in Verdacht, sie verbreite fremde Herrschaftseinflüsse. Vor diesem geschichtlichen Hintergrund war es Bischof Mosers Anliegen, das Volk und seine Probleme kennenzulernen und mit einheimischen Christen sprechen zu können. »Bischof Moser konnte sich, dank seiner Gastgeber, an Ort und Stelle ein Bild über die Lage verschaffen. Ins Gesamtprogramm der Delegation waren Gespräche über Kirchenfragen eingebaut,« berichtete Eberhard Mühlbacher, der Bischof Moser begleitete.[1] Er schilderte dann auch die Begegnungen von Bischof Moser mit den Gesprächspartnern von der Patriotischen Katholischen Kirche. »Die Gespräche begannen mit einer Begegnung im

---

1   Ein ausführlicher Bildbericht dieser Reise findet sich in »Zwischen Hoffnung und Skepsis«, Hüdig/Mühlbacher, Informationsstelle Diözese Rottenburg-Stuttgart, Ostfildern 1980.

Pekinger Institut zur Erforschung der Weltreligionen. Der Vizepräsident dieses Instituts, Tzao Fusan, stellte sich als erster
Gesprächspartner zur Verfügung. Schon hier erfuhren die katholischen Gäste von den grundlegenden Sorgen dieser chinesischen
Christen. Sie sind beunruhigt über die Ostpolitik des Vatikans,
über die diplomatischen Beziehungen zu Taiwan und über die
»Einmischung in die inneren Angelegenheiten Chinas« durch die
ausländische Macht Vatikan.« (Zwischen Hoffnung und Skepsis)

Bischof Moser wurde mit großer Hochachtung und Ehrerbie-
tung empfangen. Aber dennoch waren die verschiedenen Gesprä-

che überschattet von der kritischen Sicht der chinesischen Gesprächspartner auf die Rolle des Vatikans. So bedauerte es Bischof Moser sehr, dass er zu der im Verborgenen lebenden Basiskirche (»Graswurzelkirche«) keinen Kontakt aufnehmen konnte. Die jahrzehntelange Isolierung der chinesischen Christen brachte einen großen Informationsrückstand über Fragen und Antworten der nachkonziliaren Kirche mit sich. Daher vereinbarten die Gesprächspartner einen Austausch theologischer Literatur. Bischof Moser bot zudem Professor Tzao Fusan Stipendien für chinesische Wissenschaftler an.

Nach der Rückkehr aus China schilderte Bischof Moser im Gespräch mit Elisabet Plünnecke seine Eindrücke von dieser Reise. Auf die Frage, was zu tun sei, »gesteht Bischof Moser, dass er sich selten so hilflos und ohnmächtig vorkam wie in diesem 1-Milliarden-Mensch-Reich, wo der Thron Gottes leer ist (wie der Thron des Himmels in Peking). Der Europäer kann dort, muss dort lernen, dass Religion nicht ›machbar‹ ist, sondern dass, wie Paulus es erfährt, Gott die Türen auftun muss. Respektvolle Kontakte zum Beispiel mit chinesischen Studenten hält Moser für die richtigen geduldigen Schritte...«[2]

Im Rahmen eines von Bischof Moser angeregten Stipendienprogramms kam der junge Wissenschaftler Zhuo Xinping in die Bundesrepublik Deutschland, studierte von 1983 bis 1988 bei Professor Eugen Biser in München und promovierte (»summa cum laude«) über ein religionssoziologisches Thema. Inzwischen ist Dr. Zhuo Xinping Direktor des Instituts für Weltreligionen an der Chinesischen Akademie für Sozialwissenschaften in Peking. Er ist international sehr anerkannt und Mitglied zahlreicher Gremien, u. a. Mitglied des »Ständigen Rates des Volkskongresses Kommunistische Partei«. Im Jahr 2004 war Prof. Dr. Zhuo Xinping auf Einladung von Bischof Dr. Fürst für einige Tage Gast in unserer Diözese

---

2 »Informationen« des Diözesanrates, Dezember 1979/Januar 1980. In diesem Artikel berichtet E. Plünnecke über die Ziele dieses Besuches von Bischof Moser und seine Erfahrungen bei den Begegnungen mit den chinesischen Gesprächspartnern.

und Referent bei einer Akademietagung zur »Lage der Religionen in China«.[3]

Im Rückblick können wir feststellen, dass Bischof Georg Moser mit viel Mut und fast prophetischer Weitsicht das Angebot von Ministerpräsident Lothar Späth mit nach China zu reisen, angenommen hat. Denn heute sehen wir in dem durch Bischof Moser vermittelten Stipendium an Herrn Zhuo Xinping eine segensreiche nachhaltige Wirkung.[4] Prof. Dr. Xinping arbeitet an einer entscheidenden Vermittlungsstelle zwischen der politischen Führung in Peking und den großen Weltreligionen. Er ist somit in China, das weltpolitisch »wächst« und gleichzeitig viele gesellschaftliche Spannungen bewältigen muss, zu einem wichtigen »Dolmetscher« des Christentums geworden.

Gerhard Rauscher

---

3 Im Jahr 2012 begegneten die Leiter der Hauptabteilung Weltkirche im Bischöflichen Ordinariat Dr. Detlef Stäps und Johannes Bielefeld in Peking Prof. Zhuo Xinping anlässlich einer Pastoralreise. Zuletzt hatte der in unserer Diözese lebende Prälat Josef Sayer, ehemals Hauptgeschäftsführer des Bischöflichen Hilfswerks MISEREOR (Aachen), im Herbst 2017 in Peking ein Gespräch mit Prof. Xinping.

4 Das Stipendium für Zhuo Xinping war Teil eines umfangreichen von Bischof Moser angeregten Stipendienprogramms. Dies ermöglichte vielen chinesischen Studierenden verschiedener technischer, medizinischer und geisteswissenschaftlicher Fachrichtungen eine fundierte Ausbildung und das Kennenlernen der vom Christentum geprägten Kultur in unserem Land. Zahlreiche ehemalige Stipendiaten kehrten nach China zurück und konnten in gewisser Weise eine menschliche und kulturelle Brücke zwischen China und der Bundesrepublik Deutschland bauen.

Ein Bischof »für die Leut«

Predigt beim Pontifikalrequiem für Dr. Georg Moser, Bischof
von Rottenburg-Stuttgart, im Dom zu Rottenburg am
17. Mai 1988 (leicht gekürzt)

*Auf unsere Bitte hin stimmte Karl Kardinal Lehmann dem Abdruck
seiner Predigt beim Pontifikalrequiem zu. In seiner Antwort vom
23. 1. 2017 an Prälat Hubert Bour schrieb er:* »*Ich erinnere mich
noch gut an die Beerdigung. Am Abend vor dem Tod hatte ich Georg
ja in Stuttgart besucht, weil ich am selben Tag einen Vortrag hielt
über den Mainzer Bischof Hafner, der aus Horb stammte.*«

»Du musst ein Bischof für die Menschen sein; dafür hast du wahrscheinlich das Zeug.«
(Bischof Leiprecht zu Bischof Moser bei der Amtsübergabe)

Als die Nachricht von der schweren Erkrankung und vom so plötz-
lichen Tod Georg Mosers die Menschen ereilte, waren sehr viele im
Bistum Rottenburg-Stuttgart, aber auch über diese Diözese und
unsere Kirche hinaus tief betroffen. Viele haben einen Vater und
Freund verloren. In Trauer über den allzu frühen Heimgang, aber
dankbar für das Geschenk dieses Lebens nehmen wir heute
Abschied von ihm. Wir wollen uns dabei trösten und ermutigen
lassen durch das Lebenszeugnis des verstorbenen Bischofs.

Stationen eines Lebens

Bischof Georg Moser verdankt viel seiner Familie und seiner Heimat. Dabei sah vieles von Anfang an schwieriger aus: Das Geburts-
jahr 1923 war eine Zeit der Inflation und der Armut. Der Vater,
Schmiedemeister in Leutkirch, hatte es schwer, seine große Familie zu versorgen. Georg ist als achtes Kind unter elf Geschwistern
geboren. Immer wieder sprach er mit größter Hochachtung von

seinen »einfachen, aber guten Eltern«. Zu Hause hat er schon früh Vertrauen gelernt: unerschütterliche Gewissheit einer guten Fügung und Führung im Leben sowie Zusammenhalt und Verlässlichkeit im Kreis der Familie. Hier ist ihm auch das Gebet zum »Geländer für den ganzen Tag« geworden. Im großen Kreis so vieler Geschwister lernte Georg Moser von Kind an Freiheit und Selbstständigkeit. Das ganze Leben begleitete ihn Treue im Durchhalten, die vor allem die Eltern ihm vorlebten. Mitten im Krieg (1942) begann Georg Moser das Studium der Theologie in Tübingen. Es wurde durch den Dienst als Sanitätssoldat im Jahr 1943/44 unterbrochen. Der Student hat nicht nur für sein ganzes Leben aus der Bodenlosigkeit dieser Zeit und des Krieges, sondern auch aus einer ersten großen gesundheitlichen Krise gelernt, als er wegen des Nierenleidens sogar für kurze Zeit erblindete. Der Oberfeldarzt entließ ihn 1944 nach Hause mit den Worten: »Gehen Sie heim zum Sterben. Jeder Pfennig, den Sie noch fürs Studium ausgeben, ist verlorenes Geld.« Immer wieder sprach Georg Moser von dieser großen Probe, »ob ich dieses Vertrauen durchhalte oder ob ich verzweifle«.

Nach der Priesterweihe im Jahr 1948, der Vikarszeit in Ludwigsburg und Stuttgart (St. Georg) und der Aufgabe eines Präfekten am Bischöflichen Knabenseminar in Ehingen folgte eine Reihe von Aufträgen, die für die Kirche von größter Bedeutung waren, einen jungen Theologen damals wie heute aber auf das äußerste herausforderten: sieben Jahre Studentenpfarrer an der Universität Tübingen (1953–1959), Religionslehrer an den Gymnasien in Tübingen(1959/60) und Fachleiter am Staatl. Seminar für Studienreferendare, zehn Jahre Direktor der Diözesanakademie in Stuttgart-Hohenheim. Diese Zeit der geistigen Auseinandersetzung im säkularen Umfeld der Kirche hat Georg Moser tief geprägt. Sie dauerte ebenso lange wie seine Tätigkeit als Bischof. Hier wurde er vertraut mit den Fragen und Nöten der gegenwärtigen Welt. Hier lernte er den unausweichlichen Dialog mit der Kultur der Gegenwart, hier praktizierte er den unkomplizierten Umgang mit Menschen innerhalb und außerhalb der Kirche. So tief Georg Moser im

Innern der Kirche verwurzelt war, so wenig wollte er nur in die Binnenräume der Kirche hineinsprechen. Vielmehr stellte er sich in Solidarität den Herausforderungen der Menschen, ohne die unverwechselbare Kraft des Evangeliums zu verleugnen. Gleichsam nebenher entsteht die umfangreiche, von Franz Xaver Arnold betreute Dissertation »Die Eschatologie in der katechetischen Unterweisung« (Die Botschaft von der Vollendung, Düsseldorf 1963), heute noch ein wichtiges Dokument für die schon hier anhebende, lebenslange Bemühung um Vermittlung zwischen Theorie und Praxis, Theologie und Pastoral. Es kamen keine Zweifel auf, als Papst Paul VI. den für die gegenwärtige Seelsorge so befähigten und bewährten Akademiedirektor zum Weihbischof in Rottenburg ernannte (12. 10. 1970). Knapp fünf Jahre später übernahm er nach der Wahl zum neunten Bischof von Rottenburg die Leitung der Diözese (23. 2./12. 4. 1975). Unermüdlich hat Georg Moser als Bischof die über tausend Gemeinden der Diözese Rottenburg-Stuttgart besucht und ihnen Freude sowie Hoffnung des Glaubens vermittelt. Er wollte ein »Bischof für die Leut« sein. Im lebendigen Umgang mit Menschen aller Altersstufen und Schichten war er glücklich. Hier lebte der geborene Seelsorger auf.

Die Bischofskonferenz hatte sich schon früh der Fähigkeiten von Georg Moser bedient. Neun Jahre übte er das sensible Amt eines Präsidenten der deutschen Sektion von Pax Christi aus: eine Zeit, in der vor allem die Versöhnung zwischen Deutschen und Polen vertieft wurde. Dreizehn Jahre war er Vorsitzender der Publizistischen Kommission. Außerdem war er Stellvertreter Vorsitzender der Kommission Weltkirche und Mitglied des Verbandsausschusses des Verbandes der Diözesen Deutschlands, alles arbeitsintensive und nicht gerade spektakuläre Ämter.

Wurzeln eines geistlichen Amtes

Bischof Moser hat darum so viele Menschen ermutigen und führen können, weil er den Glauben mit einer stets erfrischenden

Menschlichkeit und einer großen Herzlichkeit gelebt hat. Vieles, was sonst im Gegensatz steht, Schöpfung und Kultur, Natur und Gnade, Frömmigkeit und Weltbezug, hat er in seinem Lebens- und Glaubenszeugnis beinahe nahtlos zur Deckung gebracht. Seine reiche, gewiss auch spannungsvolle Persönlichkeit war tief in der Sprache und Kultur seiner Heimat gegründet. Die Wurzeln seiner kraftvollen Sprache reichten tief hinab in heimisches Erdreich. Nicht zuletzt darum eigneten ihm auch eine seltene Unbefangenheit und Natürlichkeit im Umgang mit jedermann. Ungeniert und freundlich konnte er auf Menschen jeder Herkunft und aller Schichten zugehen. So hat er schon in hohem Maß eine tiefe Verbundenheit mit Land und Leuten mitgebracht. [...]

Diese weltzugewandten Aspekte wären nicht begriffen ohne jene stillen und leisen Töne, durch die Georg Moser viele Menschen behutsam nach innen, zur Besinnung auf sich selbst und zur Umkehr auf Gott hin führte. In den fast zwanzig größeren und kleineren Büchern hat er sich so bewusst eine »zweite Kanzel« geschaffen. Ich nenne nur das in dreizehn hohen Auflagen und in mehreren Übersetzungen erschienene Moser-Lesebuch »Ich bin geborgen« (Freiburg 1987). Auch auf diesen Wegen hat der Seelsorger Georg Moser, dem gerade die Zuwendung zum einzelnen Menschen so viel bedeutete, viele Suchende und Glaubende diskret zur Geborgenheit aus der Kraft der christlichen Hoffnung geführt, ganz besonders auch die Alten und Kranken, denen er sich zeitlebens und immer mehr besonders verbunden wusste.

Georg Mosers »Worte der Zuversicht« entstammen nicht einem landläufigen Optimismus. Das Vertrauen in das Leben und in seine gute Fügung ist – auch in seinem eigenen Dasein – durch Not und Pein hindurchgegangen. Bischof Georg lebte immer mehr vom innersten Geheimnis Jesu Christi her, dem Mysterium von Kreuz und Auferstehung (vgl. sein letztes Buch »Mut zur Liebe«, Freiburg 1987). Er hat es gerne mit einem Bild des Franz von Sales, das auch Papst Johannes XXIII. liebte, verglichen: »Der in den Dornen singende Vogel ist ein wunderbares Bild vor allem auch für die Bewährung im Alter. Wollen wir als Christen nicht mitten im Dorngesträuch singen, den Mitmenschen zur Freude und Gott zur Ehre? In der Ewigkeit dürfen wir weitersingen in Büschen ohne Dornen. Das Kreuz ist von dieser Erde; in der Ewigkeit verwandelt es sich in Glorie.« (Ich bin geborgen, S. 136). Diese letzte Gewissheit liegt allem Vertrauen zugrunde. Seit Ostern ist das Leben kein leeres Versprechen mehr, das nicht eingehalten wird. Es wird nicht mehr einfachhin durch Gewalt, Gesetz, Sünde und Sterblichkeit entleert und zunichte gemacht. Dies gilt gerade auch für die Armen, Einsamen und an den Rand Gedrängten. Es gibt wirklich eine reale Hoffnung für alle, auch wenn diese von dem Einzelnen erst im Glauben, in der Hoffnung und in der Liebe angenommen und realisiert werden muss.

Nicht zuletzt wegen dieser gemeinsamen Hoffnung war ihm auch die Ökumene eine hohe Verpflichtung. Diese Grundüberzeugung offenbarte sich ebenso in Bischof Mosers Einsatz für eine missionarische Gemeinde bei uns wie für die jungen Kirchen der Dritten Welt. Hier gründete aber auch sein Eintreten für das Lebensrecht des ungeborenen Kindes und eine umfassende Lebensethik, die er leidenschaftlich verteidigte. Es ist ein frohes und ermutigendes Programm, das er in seiner letzten Begründung einmal so zur Sprache brachte: »Jesus Christus, unser Bruder und Herr, ist uns vorausgegangen, um uns ein bleibendes Zuhause zu bereiten. Zur Erde entschlossen, dürfen wir uns freuen über den Himmel. Der Horizont ist hell und weit geworden. Das Leben hat einen Sinn. Der Weg führt zum Ziel.« Das ist Georg Mosers Glaube, ja unser Glaube, der die Erde liebt, aber dabei auch weiß, dass sie für sich allein den letzten Fragen nicht standhält. Weil allein Gott diesen äußersten Halt gibt mitten in allen Untiefen und Absurditäten unseres Lebens, darum war für Georg Moser die Freude des Glaubens ein kostbares Geschenk für den Christen. Nur darum konnte er bei aller Bedrängnis bis zum Ende seines Lebens jene Heiterkeit und jenen Humor ausstrahlen, die diejenigen Menschen haben, die auch nochmals über sich selbst zu lachen vermögen.

Der letzte Grund

Immer wieder laufen alle Fäden des Menschen und Seelsorgers, Bischofs und Schriftstellers Georg Moser in seinem bischöflichen Leitwort zusammen: »Ut habeant vitam – Damit sie das Leben haben« (Joh 10,10). Georg Moser hat im Vertrauen auf die gute Absicht des Schöpfers und den alle umfassenden Heilswillen des rettenden Vaters, wo immer es nur möglich war, dieses gottgeschenkte Leben bejaht. »Für alles, was das Leben fördert, gegen alles, was es verstellt!« – Dies war die Devise seines Lebens und Handelns. Alles hat er – auch z. B. im Bereich der Entwicklung neuer Medien – an dieser »Menschendienlichkeit« gemessen. So ist er auch lange denen in Solidarität entgegengegangen, die anders dachten als er, vielleicht Widerstand leisteten oder sogar Gegner waren. Nur durch dieses Zeugnis kann das Evangelium Jesu Christ da, wo es preisgegeben wurde, wieder Eingang finden und Versöhnung schaffen. Dass diese Versöhnung nicht immer gelang, hat Georg Moser immer wieder schmerzlich erfahren müssen. Er hat sich selbst und seine Stellung gewiss nicht geschont, jedoch ist er in diesem Ringen bis zuletzt seinem Auftrag als Bischof treu geblieben, den Glauben der Kirche rein und unverkürzt zu hüten, wie er es bei seiner Bischofweihe versprochen hatte.

Wer ihn bei solchen Vermittlungsversuchen begleiten durfte, weiß um seine unermüdliche Bereitschaft zu äußerstem Entgegenkommen. Dies gilt für sein Verhältnis zur Theologie und zur Ökumene. Wer ihn der Zwiespältigkeit beschuldigt, hat den Bischof Georg Moser wohl nie recht kennengelernt.

Dieses unbedingte, jedoch stets schonende Eintreten für ein versöhntes Leben hat Georg Moser fast unglaubliche Kräfte geschenkt und zugleich abverlangt. Die Diözesansynode 1985/86 ist ein letztes großes Zeugnis dafür. Es ist freilich das Gesetz des Weizenkorns, das allein solche Fruchtbarkeit gewährt: »Wenn das Weizenkorn nicht in die Erde fällt und stirbt, bleibt es allein; wenn es aber stirbt, bringt es reiche Frucht« (Joh 12,24).

So hat dieses Amt auch mehr und mehr Bischof Georgs letzte Kräfte aufgezehrt. Mit äußerster Anstrengung und wohl schon sehr bewusst hat er an Ostern zum letzten Mal öffentlich und in dieser Bischofskirche Eucharistie gefeiert. Vielleicht verstehen wir jetzt auch sein Wappen: Die fruchtbaren Ströme des Leben spendenden Wassers kommen aus dem Kreuz, das alles trägt und prägt.

Wir nehmen Abschied von Georg Moser, indem wir – mit ihm hineingenommen in die Lebenshingabe Jesu Christi an den Vater und für die Menschen – Dank sagen für das Geschenk dieses Bischofs. [...]

Hören wir ein letztes Mal, bevor wir Eucharistie miteinander feiern und die sterbliche Hülle zur letzten Ruhe betten, unseren Bischof Georg Moser, der sich für seine Kirche verschwendet hat. Hören wir auf sein letztes und bleibendes Wort. Auf dem Andachtsbild, das er selbst bewusst zum Gedächtnis seines Lebens und Sterbens entworfen hat, hat er mit eigener Hand geschrieben:»Bischof Georg Moser, der Euch in die Ewigkeit vorausgegangen ist, ruft Euch mit den Worten des Apostels zu: ›Bemüht euch noch mehr darum, dass eure Berufung und Erwählung Bestand hat! Wenn ihr das tut, werdet ihr niemals scheitern. Dann wird euch in reichem Maße gewährt, in das ewige Reich unseres Herrn und Retters Jesus Christus einzutreten‹ (2 Petr 1,10 f).«

Karl Lehmann, Bischof von Mainz
Vorsitzender der Deutschen Bischofskonferenz

Nachwort

In Erinnerung an die letzte Priesterweihe
durch Bischof Georg Moser
in der Diözese Rottenburg-Stuttgart
am 20. Juni 1987
in der Basilika St. Martin in Weingarten

Zum 30. Todestag von Bischof Georg lässt die Bischof-Moser-Stiftung mit diesem Band seine unvergessene Person und sein die Diözese Rottenburg – durch seine Initiative seit 40 Jahren Diözese Rottenburg-Stuttgart – prägendes Wirken aufleuchten: ein Kaleidoskop bisher wenig oder nicht bekannter Farbtupfer und Akzente seiner Amtszeit.

In dem dankenswerterweise von den Herausgebern neu Zusammengetragenen treten immer wieder das geistige und geistliche Profil, die natürliche Fähigkeit zur Kommunikation und die Menschlichkeit des Rottenburger Bischofs vor Augen. Für manche, die ihn kannten, mag Erlebtes lebendig werden, für andere der neunte Bischof der schwäbischen Diözese in seiner Eigenart deutlicher hervortreten oder erst bekannt werden.

Zu seiner Inthronisation im Rottenburger Dom am 12. April 1975 verfasste Professor Alfons Auer (1915–2005[1]) einen knappen Faltblatttext, der den Diözesanen ihren neuen Bischof mit wenigen markanten Strichen porträtieren sollte.

Sein ihm in Tübingen und Stuttgart zugewachsenes geistiges Profil und spirituelles Engagement, heißt es dort, »werden entscheidend mitgeprägt durch seine Herkunft. Er ist das achte von elf Kindern aus der Ehe des Schmiedemeisters Alois Moser in Leutkirch. Die materielle Kargheit der ersten Lebensphase ist der

---

1 Gründungsdirektor der Akademie der Diözese Rottenburg-Stuttgart (1951–1953), Ordinarius für Moraltheologie an der Katholisch Theologischen Fakultät der Universität Würzburg (1955–1966) und bis zu seiner Emeritierung an der Katholisch Theologischen Fakultät der Universität Tübingen (1966–1981).

Entfaltung der menschlichen Substanz offensichtlich zugutegekommen.« Der Bischof verdanke seinem Elternhaus »eine ganz spezifische, seinem Amt sicherlich förderliche ›Erdhaftung‹, eine hart disziplinierte Arbeitskraft und eine ursprüngliche Begabung zur Kommunikation mit Menschen jeglicher geistigen Struktur, dazu noch die köstliche Mitgift des Humors mit einer oft bewährten Fähigkeit zur Selbstironisierung«.

Georg Moser bringe für sein Amt wesentlich mit: eine »kraftvolle, unkomplizierte und erfrischende Menschlichkeit, die ihm den Zugang zu den Menschen innerhalb und außerhalb der Kirche zu öffnen vermag«. Er besitze, »ein unmittelbar ansteckendes naturales ›Urvertrauen‹ in den Sinn des Daseins und der Geschichte« gegen die schleichende Krankheit der Resignation. Dazu kennzeichne ihn eine »Entschlossenheit zur geistigen Auseinandersetzung mit der modernen Geistigkeit«. Er werde sich gegen alle Versuchung des Rückzugs in einen elfenbeinernen Turm »mit dem heutigen Menschen kritisch solidarisieren, weil er aus langer Erfahrung weiß, dass der spezifische und schlechthin unvertretbare Auftrag der Kirche gegenüber der modernen Gesellschaft nur im Horizont einer redlichen Solidarisierung zum Tragen kommen kann«[2].

Solche Porträtstriche werden in den einzelnen Texten und Beiträgen konkret.

Ein zweites Porträt stammt von Künstlerpfarrer Sieger Köder (1925–2015[3]) (vgl. Abb. bei S. 208).

Es zeigt einen nachdenklichen Menschen und Bischof Georg Moser, der seinen Wahlspruch meditiert: »Ut habeant vitam«, »Damit sie das Leben haben und es in Fülle haben« (Joh 10,10). Im Hintergrund – wie ein Prägedruck – sein Bischofswappen mit dem

---

2 Auer, A., Der Bischof von Rottenburg. Faltblatt zur Inthronisation des Bischofs Dr. Georg Moser. Rottenburg 1975.

3 Absolvent der Akademie der Bildenden Künste in Stuttgart und des Studiums der Theologie und Philosophie an der Katholisch Theologischen Fakultät der Universität Tübingen; Priester (Ordination 1971) und Pfarrer der Diözese Rottenburg-Stuttgart (1975–1995). Das Porträt von Bischof Georg Moser entstand im Jahr 2000.

Kreuz als Symbol der Lebenshingabe Jesu Christi, damit alle Menschen das Leben haben mitten in dieser Welt, und es in Fülle haben, über alles in der Welt Mögliche hinaus, alles dieser Welt erlösend und vollendend, erfüllend. Vom Kreuz gehen Wellen aus als Sinnbild des segenbringenden Glaubens, der wie lebendiges Wasser ist, das Leben erfrischend, nährend und tragend. Und im Herzschild des Wappens erinnert das Rad an die Herkunft aus Bauern- und Handwerkerfamilien. Das Wappen zeigt den Menschen und dem Bischof selbst Herkommen und Auftrag, sein Wahlspruch das Ziel seines Wirkens im Anruf und der Kraft Jesu Christi.

Zeigt das Porträt von Alfons Auer, wie das Titelbild dieses Buches, den jungen Bischof zu Beginn seiner Amtszeit, so zeigt das von Sieger Köder nach seinem Tod gefertigte ihn gezeichnet von der Erfahrung und Last seines Amtes: nachdenklich, ernst, mit belasteten Schultern vor dunklem Grund, auch seiner ihn überschattenden Erkrankung. Hell aber leuchtet ihm und uns entgegen sein Wahlspruch: Ermutigung und Gewissheit der Hoffnung seines und unseres Glaubens: Leben, Leben in Fülle.

Sie waren Inhalt und Horizont der Verkündigung von Bischof Moser, Auftrag und Form seines Amtes, Grund und Perspektive seines Lebens. Sein Blick geht über den Schreibtisch und den Betrachter hinaus. Und beides verbindend stützen die gefalteten Hände den Bischof, Christen und Menschen Georg Moser: das Gebet, das Gespräch mit Gott, das Danken und Bitten, Loben und Klagen, Seufzen oder Schweigen vor und mit seinem Bruder und Herrn Christus Jesus, dem er nachfolgen und in dessen Nachfolge er einladen wollte, da er gekommen ist, damit die Menschen das Leben haben und es in Fülle haben.

»Ich bin die Tür, wer durch mich hineingeht wird gerettet« (Joh 10,9), und: »Ich bin der gute Hirt. Der gute Hirt gibt sein Leben für die Schafe« (Joh 10,11), sagt Jesus im Johannesevangelium von sich, unmittelbar vor und nach dem daraus zitierten Wahlspruch des Bischofs.

Damit es das Leben gebien
und es in Fülle gaben.

Es scheint, als habe der Porträtierte das vor Augen als Gewissheit seines Glaubens und offenen Horizont seines Lebens und Wirkens und erbitte es für seine Diözese, für alle Menschen und für sich selbst: »Damit sie das Leben haben und es in Fülle haben!«

Dr. Clemens Stroppel, Generalvikar und Domdekan
Vorsitzender des Stiftungsrates der Bischof-Moser-Stiftung

Nachweise

Bildnachweis

S. 2: Diözesanarchiv (DAR), Nachlass Bischof Moser, P 2, Scan 31

S. 188: DAR, N 66, Fotoalbum Nr. 33

S. 191: DAR, P 2, Sammlung Hostrup, Mutter Teresa, Scan Nr. 2

S. 196: © Burghard Hüdig

Abb. neben S. 208: Sieger Köder, Porträt Georg Moser, © Sieger Köder-Stiftung Kunst und Bibel, Ellwangen; Foto: © Diözese Rottenburg-Stuttgart

Textnachweis

S. 16–17: Kirchliches Amtsblatt für die Diözese Rottenburg Nr. 24, Rottenburg am Neckar, 22. Oktober 1970, Band 30

S. 87–90: Aus: Gottes Ja – Unsere Hoffnung, Schwabenverlag, Ostfildern 1979

S. 91–96: Aus: Gottes Ja – Unsere Hoffnung, Schwabenverlag Ostfildern 1979

S. 97–102: Aus: Gottes Ja – Unsere Hoffnung, Schwabenverlag Ostfildern 1979

S. 103–108: Kirchliches Amtsblatt Nr. 2 vom 16. 2. 1981

S. 109–114: Aus: Ereignis Synode, Verlag Katholisches Bibelwerk, Stuttgart 1986

S. 119–122: Aus: Quelle: Gottes Ja – Unsere Hoffnung, Schwabenverlag 1979

S. 133–139: Aus: Pax-Christi-Archiv im Diözesanarchiv Aachen. Wir danken Gerold König für seine Unterstützung.

S. 144: Aus: Georg Moser, Aus unserer Mitte, Schwabenverlag Ostfildern 1988

S. 147–148: Aus: Georg Moser, Auf dem Weg zu mir selbst, © Verlag Herder GmbH, Freiburg im Breisgau 1982

S. 148–158: Aus: Georg Moser, Wenn Ängste dich befallen. die reihe für dich, Bd. 40, Süddeutsche Verlagsgesellschaft Ulm, 3. Aufl. 1989

S. 159–160: Aus: Georg Moser, Auf dem Weg zu mir selbst, © Verlag Herder GmbH, Freiburg im Breisgau 1982

S. 160–162: Aus: Georg Moser: Mut zur Liebe, © Verlag Herder GmbH, Freiburg im Breisgau 1987

S. 162–166: Aus: Georg Moser: Was die Welt verändert, © Verlag Herder GmbH, Freiburg im Breisgau 1980

S. 166–171: Aus: Georg Moser, Auf dem Weg zu mir selbst, © Verlag Herder GmbH, Freiburg im Breisgau 1982

S. 171–173: Aus: Georg Moser, Was die Welt verändert, © Verlag Herder GmbH, Freiburg im Breisgau 1980

S. 181–183: Auszüge aus: Zeitgespräch: Kirche und Medien, hrsg. von Heinz Glässgen und Hella Tompert, © Verlag Herder GmbH, Freiburg im Breisgau 1988

S. 184: Aus: Dr. Georg Moser 1923–1988, Ein Lebensbild, Süddeutsche Verlagsgesellschaft Ulm 1989

S. 193–194: Archiv der Genossenschaft der Vinzentinerinnen von Untermarchtal

Weitere Texte verdanken wir dem Diözesanarchiv in Rottenburg.

Herausgeber und Autoren

Prälat Hubert Bour, 1975 bis 1980 Theol. Assistent von Bischof Georg Moser. Von 1980 bis 2010 als Domkapitular zuständig für die Bereiche Glaubensfragen und Ökumene und für den Ständigen Diakonat.

Msgr. Martin Fahrner, seit 2005 Direktor des Theologenkonvikts Wilhelmsstift Tübingen; seit 2016 ehrenamtlicher Vorstand der Bischof-Moser-Stiftung. 2017 Ernennung zum Domkapitular.

Dr. Gebhard Fürst, seit 2000 elfter Bischof der Diözese Rottenburg-Stuttgart; seit 2006 Vorsitzender der Publizistischen Kommission der Deutschen Bischofskonferenz.

Gerhard Rauscher, Pastoralreferent, von 1989 bis 2012 Referent (v.a. Caritas und Sozialwesen) im Bischöflichen Ordinariat Rottenburg; seit 2012 ehrenamtlicher Vorstand der Bischof-Moser-Stiftung.

Berthold Seeger, Diplom-Sozialarbeiter, 1977 bis 2006 Dekanatsreferent im Dekanatsverband Biberach, 30 Jahre ehrenamtliche Mitarbeit im Leitungsteam der Pax Christi Bistumsstelle.

Rolf Seeger, 1972 bis 2004 Leiter der Diözesanstelle Berufe der Kirche im Bischöflichen Ordinariat Rottenburg. Seit 2004 ehrenamtlicher Vorstand der Bischof-Moser-Stiftung.

Dr. Clemens Stroppel, seit 2005 Generalvikar und Vorsitzender des Stiftungsrates der Bischof-Moser-Stiftung.